国际邮轮乘务管理专业系列教材

中国高等院校邮轮人才培养联盟
国际邮轮乘务专业教学协作中心

组织
编写

邮轮客舱服务管理 （第2版）

主　编 / 胡顺利　林增学

副主编 / 谷云华　马　盟
　　　　 杨　颖　周俊驰

主　审 / 程爵浩

大连海事大学出版社
DALIAN MARITIME UNIVERSITY PRESS

ⓒ 胡顺利　林增学　　2024

图书在版编目（CIP）数据

邮轮客舱服务管理／胡顺利，林增学主编. — 2 版.
大连：大连海事大学出版社，2024.12. —（国际邮轮
乘务管理专业系列教材）. — ISBN 978-7-5632-4616-8

Ⅰ. F590.7

中国国家版本馆 CIP 数据核字第 2024AW5869 号

大连海事大学出版社出版

地址：大连市黄浦路523号　邮编：116026　电话：0411-84729665（营销部）　84729480（总编室）

http://press.dlmu.edu.cn　E-mail：dmupress@dlmu.edu.cn

大连金华光彩色印刷有限公司印装	大连海事大学出版社发行

2023 年 7 月第 1 版	2024 年 12 月第 2 版	2024 年 12 月第 1 次印刷
幅面尺寸：184 mm×260 mm	印张：15.75	字数：377 千

出版人：刘明凯

责任编辑：刘长影	责任校对：陶月初
封面设计：解瑶瑶	版式设计：解瑶瑶

ISBN 978-7-5632-4616-8　　定价：52.00 元

序

　　当今,邮轮旅游作为一种时尚和热门产业,正在向着现代社会的每个角落渗透,改变着人们传统的旅游观念。随着中国经济的高速发展,中国的邮轮旅游业顺天时、应地利、聚人和,进入持续发展的快车道。乘坐邮轮出境游这一新兴旅游方式,在中国受到越来越多人的青睐,从 2005 年仅有几千人,到 2014 年已经突破 70 万人,2015 年预计突破 100 万人。

　　未来中国将成为全球最大的邮轮市场之一,增长空间巨大。

　　受国家旅游局委托,中国交通运输协会邮轮游艇分会(CCYIA)编制的《中国邮轮旅游发展总体规划》(简称《规划》)出台,《规划》提出的发展要点之一是邮轮人才培养教育体系的建立与完善。2014 年 8 月 23 日,"美国皇家加勒比邮轮公司人才培训中心"在位于天津海河教育园区内的天津海运职业学院正式揭牌。在这一背景下,为规范邮轮专业人才的教育培养,在中国交通运输协会邮轮游艇分会指导下,全国交通运输职业教育教学指导委员会航海类专业指导委员会与中国高等院校邮轮人才培养联盟和国际邮轮乘务专业教学协作中心共同组织相关院校专门为国际邮轮与旅游管理专业学生编写了"国际邮轮乘务管理专业"系列教材。

　　系列教材共计 24 种,具体为《邮轮餐饮服务管理》《邮轮休闲娱乐服务管理》《邮轮英语视听说教程》《邮轮客舱服务管理》《邮轮服务礼仪》《邮轮服务英语》《邮轮烹饪英语》《邮轮面试英语》《邮轮基础英语》《邮轮乘务员职业道德与素养》《邮轮服务心理学》《邮轮概论》《邮轮旅游市场营销》《邮轮酒吧服务管理》《邮轮旅游地理》《邮轮卫生与健康》《邮轮旅游业法律基础及案例分析》《邮轮英语词汇手册》《邮轮休闲娱乐服务双语实训指导》《邮轮客舱服务双语实训指导》《邮轮宾客服务双语实训指导》《鸡尾酒调制双语实训指导》《邮轮餐饮服务双语实训指导》《邮轮购物服务双语实训指导》。

　　系列教材的编写汲取了学术界相关知识、理论和研究成果,参考了大量相关文献资料,深度融合了专业资源库而进一步立体化,力求体例清晰、内容新颖、图文并茂、重点突出,并注重系列教材之间的互相配合,适用于高等院校邮轮人才培养,也可作为邮轮旅游从业人员的参考用书。

　　系列教材的编写和出版得到了大连海事大学出版社和天津海运职业学院的鼎力支持,中国交通运输协会邮轮游艇分会副会长程爵浩教授对系列教材的编写框架、体例等提出了很多中肯的、建设性的修改意见,在此表示感谢。

　　由于水平有限,加之时间特别仓促,不妥之处在所难免,敬请有关专家、读者指正!

郑炜航

2015 年 8 月

内容简介

 本教材在编写过程中扬弃了原有专业课程教材的编写思路和风格,根据邮轮实际工作技术领域和职业岗位(群)的任职要求,参照相关的职业资格标准、改革课程体系和教学内容,增加了"思政元素"内容、邮轮客舱岗位实际案例、邮轮客舱拓展知识以及二维码(电子课程资料)。本教材的编写既注重阐述邮轮客舱服务管理中的基础内容、工作程序、服务技能、方法和标准等,又力求理论联系实践,将当今邮轮客舱服务管理信息内容、服务案例相互融合,具有较强的可操作性;在内容和形式上更突出能力本位和职业特色,以满足邮轮客舱部门职业岗位培训需求。同时,本书延续采用"模块—项目—任务"的编写模式,全书中主要以"邮轮客舱基础知识、邮轮客舱清洁技能、邮轮客舱服务、邮轮客舱基础管理"为框架组织内容进行编写。

 再版后的《邮轮客舱服务管理》(第2版),既可作为高职高专国际邮轮乘务管理专业及相关专业学生的教材,也可作为酒店、旅游、邮轮行业员工的培训教材或从业人员的自学读物。

第 2 版前言

当今我国邮轮旅游业迅速发展,这对我国邮轮旅游产业的整体服务和管理质量等提出了更高的要求,也积极地促进了我国邮轮产业化教育的快速发展。因此,打造与当前高职教育相适应的优质、创新、立体化的相关教材,也就成了目前我们的迫切任务。

2021 年 4 月 12 日至 13 日,全国职业教育大会在北京胜利召开,习近平总书记对职业教育工作做出重要指示:"在全面建设社会主义现代化国家新征程中,职业教育前途广阔、大有可为",并进一步强调"优化职业教育类型定位""深化产教融合、校企合作""深入推进育人方式、办学模式、管理体制、保障机制改革"。同时,为深入贯彻落实习近平总书记关于职业教育工作的重要指示精神,全面贯彻党的教育方针,进一步贯彻落实全国职业教育大会和全国教材工作会议等文件精神,坚持以习近平新时代中国特色社会主义思想为指导,应当把职业教育摆在教育改革创新和经济社会发展中更加突出的位置。牢固树立新发展理念,服务建设现代化经济体系和实现更高质量更充分就业需要,对接科技发展趋势和市场需求,完善职业教育和培训体系,优化学校、专业布局,深化办学体制改革和育人机制改革,以促进就业和适应产业发展需求为导向,鼓励和支持社会各界特别是企业积极支持职业教育,着力培养高素质劳动者和技术技能人才。

本教材第 1 版自面世以来,蒙读者垂青,被国内诸多高校作为核心课程教材和培训的主要参考书籍。在深感欣慰之余,我们深知教材并非尽善尽美,更有许多有待提高和完善之处。为此,编者们开始着手该书的再版修订工作。

本教材第 2 版的编写扬弃了原有专业课程教材的编写思路和习惯,根据邮轮实际工作技术领域和职业岗位(群)的任职要求,参照相关的职业资格标准,改革课程体系和教学内容,建立突出职业能力培养的课程标准,规范课程教学的基本要求,提高课程教学质量的要求,与精品在线课程和 MOOC(慕课)学习平台等形式、体例、结构相吻合,推动优质教材进课堂。在此框架下,编者们根据国际邮轮行业最新发展情况,从诸多方面对教材进行了修订:

一是在重要的工作模块内容中,紧密贯彻党的二十大精神进教材,守正创新,提升教材思政育人功能。

二是重新整合课程框架及内容,更新教材配图。

三是引入国际邮轮行业企业新技术、新规范和新标准,更新数据、案例、标准等。

四是将许多数字化教学资源、操作视频等通过二维码形式进行立体化呈现,更加方便读者全面、直观地学习相关内容。

本教材由天津海运职业学院邮轮旅游系胡顺利老师和桂林旅游学院林增学老师担任主编;浙江国际海运职业技术学院谷云华老师、浙江交通职业技术学院马盟老师,天津交通职业学院杨颖老师,皇嘉艾华国际邮轮有限公司周俊驰经理担任副主编;天津海运职业学院邮轮旅游系谢佳辉和张芃然老师,华颐海洋(上海)劳务派遣有限公司牟政功总经理,延安职业技术学院航运工程系周玲老师,共同参与了本教材的编写工作。本教材编写的具体分工为:林增学、谢佳辉、牟政功(编写模块一);胡顺利、马盟、周俊驰(编写模块二);谷云华、周玲(编写模块三);杨颖、张芃然(编写模块四),全书最后由天津海运职业学院胡顺利老师进行总纂整理。

　　本教材在编写过程中,参阅和借鉴了大量国内外与邮轮相关信息网站中的培训教材、资料及图片,并引用了部分资料文献,在此谨向各位原作者深表敬意和感谢。在编写过程中,团队得到了大连海事大学及大连海事大学出版社领导、中国高等院校邮轮人才培养联盟相关院校的大力支持和帮助;为增强教材的实用性,特邀请上海海事大学程爵浩教授作为本教材的主审,程教授为本教材初稿的审核和修改做了大量细致的工作。另外,本教材中大部分人物图片采用了天津海运职业学院历届酒店管理(邮轮乘务方向)和国际邮轮乘务管理专业的毕业生在各自的邮轮公司船上工作的场景照片以及爱达邮轮的情景照片。在此,对上述参与的人士、同学们,一并深表谢意!

　　由于时间仓促、编者能力水平有限,本教材在编写过程中疏漏、差错或与不同邮轮公司客舱部工作情况有所不同之处在所难免,敬请广大业内同行和读者们不吝赐教。

编　者

2024 年 6 月

第 1 版前言

当今,随着旅游业的迅速崛起,各大国际邮轮公司已将发展战略指向了中国。新兴的邮轮产业不论在服务和管理理论上,还是在运营模式方面都将发生变化,这就对我国邮轮旅游产业的整体接待、服务和管理提出了更高的要求,同时,也积极地促进了我国邮轮产业化教育的快速发展。随着国家对职业技术教育的重视,高等职业教育已经发展到内涵建设的新阶段,抛弃学科性教育,培养职业能力和职业素养,强调“工学结合、教学做一体化、以能力为本”的教育理念,已经成为今天高职教育的新趋势。因此,打造与当前高职教育相适应的优质、创新的教材,也就成为当前我们迫切需要做的工作。

《邮轮客舱服务管理》是国际邮轮乘务专业的主干教材之一。本书在编写过程中,参考旅游、酒店专业课程教材的内容和思路,并参照和遵循国际邮轮客舱部实际的工作情境进行编写,同时,根据教育部下发的《教高[2006]16 号文件》关于“高等职业院校要积极与行业企业合作开发课程,根据技术领域和职业岗位(群)的任职要求,参照相关的职业资格标准,改革课程体系和教学内容。建立突出职业能力培养的课程标准,规范课程教学的基本要求,提高课程教学质量”的方针要求,本套教材在编写过程中,主要以提高学生专业实际操作能力和就业能力为宗旨,以“模块、项目、任务”的模式进行编写,让学生在理论够用的基础上,在专业技能培养环节,特别是“教学做一体化”方面有所突破,最终达到优质教材进课堂的目的。本教材编写既注重阐述在邮轮客舱服务运行中的基础内容、工作程序、服务技能、方法和标准等,又力求理论联系实践,具有较强的可操作性。在内容和形式上更突出能力本位和职业特色,凸显邮轮客舱部门职业岗位需求和作业流程标准等。因此,本书既可作为高职、高专国际邮轮乘务专业及相关专业学生的专业课教材,也可作为从事邮轮客舱服务的员工的培训教材和“国际邮轮乘务员职业培训包”中邮轮客舱模块培训教程的参考书以及相关从业人员的自学读物。

本教材由桂林旅游学院林增学和天津海运职业学院国际邮轮乘务和旅游管理系邮轮乘务教研室主任胡顺利联合担任主编,桂林旅游学院鲍青青任副主编,天津海运职业学院李肖楠和杨珍、武汉交通职业学院罗琳共同参与了该教材的编写工作。教材编写的具体分工为:李肖楠编写模块一,胡顺利、罗琳编写模块二,胡顺利编写模块三、模块五,杨珍编写模块四,鲍青青、林增学编写模块六,李肖楠、杨珍编写模块七。全书最后由天津海运职业学院胡顺利进行总纂整理。

本教材在编写过程中,参阅和借鉴了大量国内外与邮轮相关信息网站中的相关培训教材、资料及相关图片,并引用了部分的资料文献,在此谨向各位原作者深表敬意和感谢。本教材在编写过程中,得到了大连海事大学及大连海事大学出版社领导、中国高等院校邮轮人才培养联盟相关院校的大力支持和帮助;天津海运职业学院院长马魁君教授对本教材的立意设计、内容选取,尤其是“工学结合”特色的彰显给予了鼎力支持和精心协调;为增强教材的实用性,特邀请上海海事大学程爵浩教授作为此次邮轮乘务专业系列教材的主审,程教授为本教材初稿的审核和修改做了大量细致的工作。另外,本教材中大部分人物图片采用了天津海运职业学院历届酒店管理(邮轮乘务方向)和国际邮轮乘务专业的毕业生在各自的邮轮公司船上工作的场景照,在拍照过程中得到了同学们的积极配合。在此,对上述参与的各界人士、同学们深表谢意!

由于时间仓促、编者能力水平有限,本书中疏漏、差错或与不同邮轮公司客舱部工作情况有不同之处在所难免,敬请广大业内同行和读者们不吝赐教。

编 者

2015 年 6 月

 扫码学习《深入学习贯彻党的二十大精神　加快建设交通强国当好中国式现代化开路先锋》

《邮轮客舱服务管理》精品在线课程

目　录

模块一　邮轮客舱基础知识

模块二　邮轮客舱清洁技能

模块三　邮轮客舱服务

模块四　邮轮客舱基础管理

模块 一

邮轮客舱基础知识

Module One

Basic Knowledge of Cruise Cabin

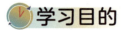

学习目的
Learning Objectives

1.了解客舱部定义；
2.熟悉客舱部的业务范围；
3.了解客舱部的组织机构；
4.熟悉客舱部各区域设置、岗位职责和要求；
5.了解客舱设计理念、安全设备配置、客舱色彩知识等。

知识与技能掌握
Knowledge & Skills Required

1.掌握客舱部对邮轮经营的重要意义；
2.掌握客舱部员工素质要求；
3.熟悉客舱房型分类、客舱家具、电器以及房内用品配置等。

认识邮轮客舱部　项目一

The Role of Cabin Department in a Cruise　Task One

本项目数字化资源

客舱部是邮轮经营管理的关键部门之一,负责管理邮轮所有的客舱事务,为宾客提供舒适、清洁的房间以及优良的服务产品。在邮轮繁忙的日常工作中,客舱部不但扮演着重要的角色,而且也是宾客的"家外之家",在邮轮经营管理中起着非常重要的作用。

邮轮客舱
Cruise Cabin

任务一　了解邮轮客舱部定义及对邮轮经营的重要意义

客舱是邮轮的基本设施之一,是供宾客住宿、休息、会客的主要场所,是能够按照宾客的要求,以时间为单位向其提供餐饮及相关服务的住宿部门,并为住宿宾客提供各种有偿服务项目,同时承担着房间内部和公共区域卫生清洁,客舱内设施设备的维修、保养及宾客住宿期间安全等方面的工作。

邮轮客舱房间分布平面图
Cruise Ship Cabin Layout Plan

客舱的硬件设施，作为特殊的邮轮商品，会根据各邮轮公司对游客需求、发展规模、市场定位、档次标准、文化氛围等方面的不同而进行布局设计。

一、邮轮客舱服务是邮轮经营中最重要的服务产品之一

邮轮的主体是客舱，客舱是邮轮存在的重要基础，主要向宾客提供休息、睡眠、会客等需求服务。宾客在邮轮上除了参加一些休闲购物、就餐娱乐活动外，大部分时间都是在客舱中度过的。因此，客舱服务是邮轮最重要的产品之一。任何一艘邮轮如果没有客舱的服务和管理，都不能成为一个完整的邮轮服务体系，也就更无法经营和发展下去。因此，客舱服务的优劣直接影响到邮轮整体的服务质量，也是邮轮经营中最重要的服务产品之一。

二、邮轮客舱收入是邮轮整体收入的重要来源之一

一般邮轮都会通过为宾客提供住宿、饮食、娱乐、洗衣、购物以及通信等服务项目而获得一定的经济收入。从整体来看，客舱收入通常占邮轮营业收入的50%以上。

三、邮轮客舱的服务质量是邮轮整体服务质量的重要组成部分

邮轮客舱服务质量的优劣直接影响着邮轮的声誉。客舱是宾客在邮轮中停留时间最长的地方，宾客对客舱的要求相对较高，都希望有"家"的感觉。因此，客舱卫生、客舱服务员的服务态度和提供服务的项目质量等，都会对宾客有着直接的影响，是宾客衡量邮轮服务产品"价"与"值"是否相符的主要依据。客舱服务质量是衡量邮轮整体服务质量的重要指标之一，也是能否维护邮轮在宾客心目中良好形象的重要因素之一。

宾客在客舱中停留的时间较长，对设备的完善与否的感受最直观。因此，客舱的整体标准常常被宾客们作为衡量一艘邮轮的等级和服务水平的标准。客舱标准一般包括两个方面：一是客舱的设施和设备，包括房间、家具、地面和墙壁的装饰以及客舱内的电气设备

和卫生间设备等;二是客舱服务水平,一般是指客舱服务员的服务技能、服务方法、工作态度、应急处理能力等。

四、邮轮客舱是邮轮整体经济活动的枢纽

只有宾客住进了客舱,宾客服务接待部门才会发挥其应有的功能,餐饮部才会向各位宾客提供其特色美食和相应的服务,邮轮上的健身、娱乐和购物等消费项目也会随之被带动起来,同时对邮轮整体的综合服务也会起到带动作用。因此,客舱是邮轮整体经济活动的枢纽。

想一想
Think It

通过对上面知识的学习,你如何看待客舱部在邮轮经营中的重要性?

任务二　熟悉邮轮客舱部的业务范围

客舱部作为邮轮营运中的核心部门之一,其主要任务是为宾客提供一个干净、舒适、优雅、安全的住宿环境,并针对宾客的习惯和特点做好细致、便捷、周到、热诚的服务。根据其特殊的工作环境与工作方式,客舱部的业务范围主要包含以下内容:

一、邮轮客舱区域的清洁保养

清洁保养工作的优劣,直接影响到客舱的整体服务质量和宾客的满意程度。为宾客提供整洁、舒适、温馨的环境,是赢得宾客信赖的重要保证,也可体现出邮轮商品的使用价值和服务质量,在邮轮整体经营和管理中具有重要的意义。

二、为宾客提供各项服务

客舱部为宾客提供丰富的服务,除正常的房间清洁服务外,还为宾客提供洗衣服务、夜床服务、客舱送餐服务、擦鞋服务等。这些服务的质量是否过硬,服务的水平是否优质,不仅会直接对客舱部产生很大的影响,也直接关系着邮轮整体的经济利益。因此,客舱部

各项服务质量标准和服务水平的不断提高,是客舱部赢得宾客满意的重要保证。

三、邮轮客舱部的管理

邮轮市场的竞争和邮轮经营规模的不断扩大,要求客舱部对人、财、物方面加强管理。客舱部是邮轮重要的经营部门之一,经营效果的优劣将反映出邮轮整体的管理水平,所以提高客舱服务效率和增收节支是客舱部的一项重要任务。邮轮要获得更好的经济效益,就要对客舱部的人员费用、物品消耗、设备维护和保养等方面采取科学合理的降低成本、减少浪费的措施。

四、邮轮客舱部设备的维护与保养

客舱部在做好客舱清洁与服务、公共场所清洁与服务等工作外,还担负着客舱部设备的维护与保养的任务,从而使其保持良好的运行状态,在对客服务的过程中发挥最大的效用。这就要求客舱部在日常的工作中与工程部保持密切的合作,对设施设备的维护与保养制定出更为详尽的方案,并使其有效地贯彻执行。

五、保障邮轮客舱和宾客的安全

保障客舱、宾客的生命与财产安全是客舱部的一项重要工作。这项工作需要强烈的责任心,是绝对不可掉以轻心的。如果安全工作没有做好,那么客舱清洁与服务等工作都将会失去意义。客舱的安全工作要从严、从细抓起,客舱部每位员工都要严格按照客舱部所制定的安全操作和消防制度、钥匙和房卡管理制度等开展工作。只有将宾客及邮轮员工的人身和财产安全做到万无一失,才能更好地保障邮轮整体运营,才会提高邮轮的经济效益。

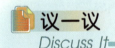

议一议
Discuss It

请大家议一议:客舱部的业务范围除了上述的几项内容外,还有其他的吗?

客舱部组织机构 项目二

Organization for Cabin Department

Task Two

任务一 | 了解邮轮客舱部组织机构设置的基本原则

本项目数字化资源

　　科学地建立组织机构,是保证邮轮客舱部正常、高效、顺利地开展工作的前提。建立合理、严密的组织机构,是客舱部做好管理、运转、服务等各项工作的重要条件和保证。客舱部的组织机构应根据邮轮公司差异性实际情况进行相应的设计或调整。客舱部组织机构的建立,在一般情况下,可遵循以下原则:

一、风格独特,量体裁衣

　　客舱部组织机构的设置应该体现独创性管理模式。不要以模仿为主,生搬硬套,应当从邮轮的规模、档次、设施设备、管理思想、接待对象、经营思维、人员成本及服务项目等实际出发,量体裁衣。

二、精兵简政,突出高效

　　客舱部组织机构的设置要特别注意精简,杜绝机构臃肿和人浮于事的现象,但也应注意由于机构的过分简单化而带来的职能空缺,影响服务质量。客舱部组织机构应做到合理设置、因事设岗,并采取应聘上岗的方式,充分发挥员工的主动性、积极性,从而进一步

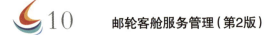

提高工作效率。

三、明确分工，协作有效

　　客舱部组织机构应是一个统一指挥，岗位、分工、职责分明，沟通顺畅的有机整体。每个岗位人员的职责、任务，上下级隶属关系及信息传达的渠道和途径应明确。明确分工能够提高效率，协作有效更能体现组织机构建立的合理性。

四、扁平机构，优势显著

　　与传统组织机构相比，扁平化具有显著的优越性，主要体现在三个方面：一是有利于决策和管理效率的提高。在扁平机构的组织方面，高层领导和管理人员的沟通相对紧密，上级视野比较宽广、直观，使管理决策的制定快速、准确。二是有利于调动员工的积极性。组织层次减少，一般管理人员的业务权限和责任必然扩大，可以调动下属的工作积极性、主动性和创造性，增强其使命感和责任感。三是有利于节约管理开支费用。组织的扁平化与人员精简，可以大幅减少管理费用。在邮轮中推行扁平机构形态需要一个长期的过程，也需要一些客观条件的改善，如邮轮人员素质的提高，但扁平机构仍然是邮轮组织机构建设发展的方向。

议一议
Discuss It

　　如今的邮轮在经营中大都采用扁平机构设置，你认为这样做是有利还是有弊呢？

任务二　熟悉邮轮客舱部组织机构设置形态

　　邮轮客舱部组织机构，一般情况下根据邮轮规模大小、业务范围、经营管理特点、服务档次等的不同而设置。根据管理者不同的管理意图，客舱部组织机构的设置也会有所区别。

一、管理层次设置

　　大中型邮轮管理层次多，主要有经理、副经理（助理）、主管、服务员四个层次（见客舱部组织架构图）。小型邮轮管理层次少,基本有经理、主管、服务员三个层次。

目前,邮轮的发展趋势是优化组织机构,尽可能地减少管理层次,提高沟通和管理效率,降低管理成本。

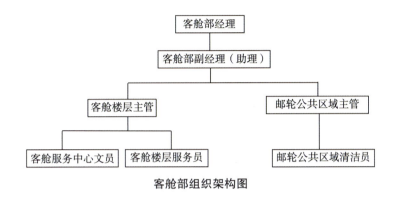

客舱部组织架构图

二、邮轮客舱部组织机构在设置时应考虑的问题

1.清洁范围

每个邮轮公司的客舱清洁管辖的范围都是不同的。有些大型邮轮公司会将公共区域卫生清洁范围由客舱部管辖范围划分到其他部门进行管理,而大部分邮轮公司还是将公共区域清洁工作直接交由客舱部管理。所以,在设置客舱部组织机构时,就应先考虑好清洁范围的划分情况。

2.管辖区域

因为部分清洁或管理岗位区域的不同,邮轮客舱岗位在区域的管辖范围中,应该根据邮轮公司的实际情况统一安排,更加合理地划分区域,以便于日常的管理。

3.人员调配

在一般情况下,邮轮客舱部会根据不同的工作分配情况,合理地调配人员进行相应的工作。例如:在宾客登船时,客舱部人员将会协助安保部门对登船的宾客进行房间线路的指引服务。另外,在日常工作中,应协调好客舱服务员对在住宾客房间的清洁和整理工作。

做一做
Do It

任何一家邮轮公司,都需要对部门的人员架构进行合理化的安排。只有规划出一个安排合理、简单明了、逻辑顺畅的组织架构图,才会对工作的进行和管理起到积极的保障作用。

请你试着设计一个较为合理的客舱部组织架构图。

任务三 了解邮轮客舱部各区域设置及功能介绍

合理的岗位设置是客舱部提高质量和有效运行的重要保障。一般情况下,客舱部的区域设置主要划分为以下三部分(如图)：

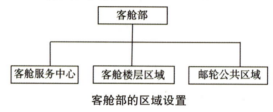

客舱部的区域设置

一、客舱服务中心

邮轮通常都设有客舱服务中心。客舱服务中心一般位于客舱部办公室内,其基本职能如下：

1.传递信息

客舱服务中心是客舱部内部及与其他部门信息交流的中心,又是对客服务中心。对客服务及管理信息都汇集于此,故其肩负着大量信息的传递任务。

2.协调工作

客舱服务中心负责统一调度对客服务工作,掌握和控制客舱状况,与相关部门联络,协调各部门间的工作。

3.出勤管理

客舱服务中心负责监督客舱员工的出勤情况,并进行考勤统计和管理。

4.分配清扫房间

客舱服务中心文员会按照邮轮实际房间入住情况,为当班的客舱清扫员分配好要清扫的房间。

5.钥匙管理

客舱服务中心负责邮轮客舱部门所有钥匙、内部房卡的发放、回收和保管工作。

客舱服务中心
Cabin Service Center

二、客舱楼层区域

客舱楼层区域由各种不同房型的客舱组成,是宾客休息的场所。每一层都设有供客舱服务员使用的工作间,客舱服务员的任务包括:

(1)管理客舱及楼层的设施设备以及对其的简易维修和保养等。

(2)负责客舱及辖区的清洁卫生,客舱内用品的替换。

(3)为宾客提供相应的需求服务。

客舱楼层区域
Cabin Floor Area

三、邮轮公共区域

邮轮公共区域的工作主要包括：

(1)邮轮各部门办公室、餐厅、公共洗手间、接待大厅、电梯厅、各通道、楼梯、甲板区域以及门、窗等公共区域的清洁工作。

(2)客舱楼层区域的地毯、软面家具的清洁保养工作。

(3)邮轮公共区域装饰花卉的绿化及清洁工作。

(4)在公共区域清洁过程中,随时检查设施设备是否正常运转以及进行故障报修工作。

想一想
Think It

在邮轮中,部门之间、机构(岗位)之间都各尽其责并相互联系。请你想一想:为什么各部门、各机构都要设立相应的职责呢?

任务四　了解邮轮客舱部岗位职责

在邮轮中客舱部的人员繁多、分工复杂,编制系统化、标准化的岗位职责是对客舱部管辖范围内各岗位员工进行合理评估的重要依据,也是招聘客舱岗位员工时的参照标准。由于各邮轮客舱部规模不同,岗位设置各有特色,这里有选择地简单介绍一下客舱部主要岗位的职责。

一、邮轮客舱部经理

上级领导:邮轮总经理、邮轮副总经理。

管理对象:邮轮客舱部主管、部门文员。

职责:全面经营、管理客舱部,对上级领导负责。

通过计划、指挥、执行和监督部门工作,为邮轮宾客提供优质的服务,为邮轮宾客和邮轮员工提供清洁、宜人、舒适的环境,以最低的客舱支出实现最高的客服标准和经济效益。

(1)根据邮轮整体经营目标,制订客舱部工作计划与财务预算,确保客舱部的经营目标符合邮轮整体经营质量标准,并有效组织实施。

（2）负责制定客舱部岗位职责、工作程序、运行制度，建立客舱部完整的工作体系。

（3）制订客舱部用人和培训计划，合理安排、调度、分配好每位客舱部的员工；对员工进行鉴定、考核、决策、执行相关人事规定；定期评估、调整组织机构。

（4）履行业务管理职能，为宾客提供规范化、程序化、个性化的优质服务。

（5）对客舱部的物资、设备进行管理和控制，降低成本；提出客舱陈设布置方案及装修、更新、改进意见。

（6）有效地处理好宾客的投诉；深入了解宾客对客舱部的需求，采取相应措施。

（7）负责客舱部的安全工作，保证宾客和员工的人身和财产安全。

（8）督促、检查下属工作，并按操作规程进行规范操作，防止各种违规事故的发生。

（9）与邮轮其他部门建立良好的合作关系，协调各部门之间的工作，不断改进工作方法，提高效率。

（10）学习先进的管理经验，不断改进和提高客舱的管理水平。

二、邮轮客舱部主管

上级领导：邮轮客舱部经理。

管理对象：客舱服务员、文员。

职责：负责客舱楼层的运营与管理，对邮轮客舱部经理负责。

（1）服从邮轮客舱部经理的指挥，贯彻执行客舱部的规章制度、工作程序及质量标准要求。制订客舱及楼层所辖区域的工作计划，主持并督导客舱部服务员的工作。

（2）通过参加会议、听取汇报等对客舱员工进行有效的管理和监督，完成业务、行政、治安及日常事务工作，保证客舱及楼层所辖区域处于最佳服务状态。

（3）不定期对员工进行思想政治教育、业务操作培训，提高客舱员工的职业修养、业务水平、操作技能。

（4）负责辖区财务预算，负责楼层物资的管理与控制，确保设备的完好，督导各部门物资发放制度的执行，定期核算清洁用具等各种物品的消耗量，控制损耗，减少浪费。

（5）及时与客服（接待服务台）部门联系，随时核对客舱情况，提供准确的房态。

（6）主持每日客舱服务员的工作分配，根据每次邮轮接待的客源情况，调整好客舱部的一线服务人员和物资，检查、落实客舱的接待程序。

（7）监督、指导日常工作质量和服务效果，保持邮轮客舱服务标准和客舱清洁保养标准，坚持巡视楼层及各个负责点，抽查客舱清洁保养质量。

（8）负责客舱部楼层的安全工作，做好防火、防盗工作；监督客舱员工执行各种操作规程，杜绝违规事故的发生。

（9）协助邮轮客舱部经理受理客舱宾客及解决客舱员工的投诉，处理违纪及突发事件。

（10）督导客舱员工工作成效和行为，指导客舱员工解决疑难问题，负责客舱员工工作任务分配、工作评估、业绩考核等。

（11）在客舱部经理不在的情况下，代行其职责。

三、邮轮客舱楼层服务员

上级领导：邮轮客舱部主管。

职责：主要负责客舱楼层区域和客房内的服务与管理。

（1）服从邮轮客舱部主管的指挥，接受主管的检查和指导，执行邮轮客舱部的各项制度，按客舱部岗位工作流程和服务质量标准工作。

（2）负责邮轮客舱服务区域内的清洁保养以及房间的布置工作，及时整理、清洁、更换各种客舱用品。

（3）熟练掌握邮轮服务礼仪、礼节和海上应急预案处理的常识及各种业务技能，并灵活运用到日常服务工作中，热情待客，为贵宾、伤残、患病宾客提供有针对性的服务。

（4）及时向邮轮客舱部主管报告楼层区域的情况，做好客舱区域各项工作的衔接和跟进房间清洁工作，认真填写每日工作记录。

（5）负责管理邮轮客舱楼层卡（Floor Key）及客舱楼层的物资，合理调配客用消耗品，做好客舱日常设施设备的使用及保养工作，发现问题及时上报，确保设施设备的正常使用。

（6）负责宾客进入客舱的迎接、指引工作，宾客下船时，及时查看客舱房间内设备物品是否齐全或有无损坏，发现问题应及时向邮轮客舱部主管和宾客接待服务台报告。

（7）负责宾客在客舱住宿期间的洗衣服务工作；提供临时客舱房间的整理和开夜床服务。

（8）负责邮轮客舱房间内小酒吧消耗情况的清点、开账单及调换、存放、补充工作。

（9）主动向宾客介绍邮轮的服务项目、设施的使用方法和功能，回答宾客提出的问题，帮助宾客解决困难。

（10）协助做好客舱区域楼层的安全工作，完成客舱部主管交办的其他工作。

四、邮轮客舱服务中心文员

上级领导：邮轮客舱部主管。

职责：负责邮轮客舱服务中心的日常工作。

（1）熟悉邮轮所有客舱的房型、设施及其他服务。认真阅读交接班记录及应注意的事项。负责传递客舱楼层及其他部门的信息和通知要求，并及时递交相关负责人。

（2）接听宾客的电话，并做好来电的详细记录。

（3）受理宾客的服务要求，将宾客的要求等信息准确、及时地反馈给相应的客舱人员，保持与邮轮其他部门的密切联系，确保为宾客提供高效率的客舱服务。如工作中发现异常情况，须及时向部门主管上级报告。

（4）负责客舱所领用的钥匙（楼层卡）登记、保管工作，严格执行钥匙（楼层卡）的领发制度。

（5）随时掌握房态，准确、及时、无误地将登船或已离船宾客的房号和客舱资料及时输入计算机，并与前台保持密切联系。遇有特殊事项时，应及时向上级报告。

（6）负责客舱部全体员工考勤记录、假条管理、客舱服务中心档案及信息资料的保管，准确无误地做好交接班记录及各项登记工作,并向邮轮客舱部主管汇报交接记录内容。

(7)做好维修记录,与邮轮工程维修部门进行及时跟进,负责客舱内设施设备维修的统计,及时更改和填写维修房的情况。

(8)统计邮轮客舱内小酒吧的消耗量,填写、保存酒水补充报告单,按规定时间向宾客接待服务台上传信息,并送交酒水消耗统计表。

(9)保管邮轮客舱部各种设备、用具,编写建档,定期清点。负责整理客舱楼层宾客用品的申领工作。

(10)整理宾客投诉报告,并向客舱部主管进行汇报,同时做好相应的记录。

(11)执行并有效完成上级安排的其他事务。

五、邮轮公共区域主管

上级领导:邮轮客舱部经理。

管理对象:邮轮公共区域清洁员。

职责:负责邮轮公共区域的服务与管理,对邮轮客舱部经理负责。

(1)主要负责邮轮对客服务公共区域清洁保养工作计划的制订并监督其落实。

(2)负责对邮轮公共区域清洁员日常的清洁保养工作的监督、检查等,掌握员工的思想动态和工作情况,并负责员工的工作安排、培训和考核。

(3)负责邮轮公共区域人员的调配,巡视检查和督导下属的工作,确保他们按规范和要求工作并保证效率和质量。检查员工的仪容仪表是否符合规定,辖区是否整洁、美观,发现问题及时纠正、处理。

(4)负责邮轮公共区域的物资管理,对清洁设备、工具、用品等进行控制和管理,检查辖区装饰品、公用设施设备是否完善,在保证质量的前提下努力控制成本费用。

(5)指导和检查邮轮甲板区域地面、楼道地毯的保养工作,以及虫害控制、外窗清洁等专业工作。

(6)了解和研究清洁保养的新技术、新产品,不断提高清洁保养工作的效率和质量。

(7)积极与相关部门沟通,做好邮轮其他相关对客服务场所的专项清洁工作。

(8)完成邮轮公共区域的工作日志。

(9)完成客舱部经理交给的各项临时任务。

六、邮轮公共区域清洁员

上级领导:邮轮公共区域主管。

职责:主要负责邮轮公共区域内的清洁保养工作。

(1)服从邮轮公共区域主管指挥,接受主管的检查和指导,执行邮轮公司及客舱部的各项制度,按客舱部岗位工作流程和服务质量标准工作。

(2)负责邮轮公共区域内的清洁保养工作,及时整理、清洁、更换公共卫生间内的用品。

(3)熟练掌握邮轮服务礼仪、礼节和海上应急预案处理的常识及各种业务技能,并灵活运用到日常服务工作中。

（4）及时向邮轮公共区域主管报告邮轮公共区域内的卫生状况，做好邮轮公共区域各项工作的衔接和房间清洁工作，认真填写每日工作记录。

（5）负责做好邮轮公共区域日常设施设备的使用、维护保养工作，发现问题及时上报维修，确保设施设备的正常使用。

（6）负责协助宾客登船、下船时的迎接、指引、行李搬运等工作。

（7）协助做好邮轮公共区域内的安全工作，完成邮轮公共区域主管交办的其他工作。

做一做 Do It

根据上述岗位职责的描述，请将你认为每个岗位中最重要的职责勾画出来，并说明原因。

任务五｜掌握邮轮客舱部员工素质要求

随着邮轮业突飞猛进的发展，邮轮市场的竞争也越来越激烈。邮轮业的发展必须坚持科技是第一生产力、人才是第一资源、创新是第一动力的原则；高质量的服务则有赖于高水平的管理人才和高素质的员工。

邮轮客舱部的工作特点有别于其他部门。客舱部以整洁、舒适、安全为前提，随时随地为宾客提供礼貌热情、真诚主动、准确高效、耐心周到的各项服务。客舱部是宾客在选择邮轮旅行过程中的"家外之家"，是一个"静、净、敬"的部门，是一个工作琐碎和繁重的部门。客舱工作的复杂性与随机性，以及面对面的直接对客的服务，都对客舱部各岗位员工的素质提出了较高的要求。

那么，要成为一名合格乃至优秀的邮轮客舱部员工，就必须具备以下基本素质：

一、诚实、自律，品质好

育人的根本在于立德。邮轮客舱部员工由于对客服务需要进入客舱房间，有机会与宾客的财产接触。因此，要求员工必须具有良好的职业道德和思想品质。诚实和自律是员工对宾客态度好的最直接表现形式，员工要提供感情服务，即以诚实、自律为基础的自然、亲切的服务，让宾客有"家"的感觉，从而放心住宿。

二、敬业、踏实,肯吃苦

邮轮客舱部员工必须具备高度的工作责任心、劳动精神、奋斗精神、奉献精神、创造精神、勤俭节约精神和爱岗敬业精神,忠于职守,尽心尽力。客舱部的服务是通过客舱产品表现出来的,宾客通过房间的整洁程度、地面的洁净程度等来感受员工的服务态度。因此,员工必须有很强的敬业心与高度的责任感,敬重自己所从事的工作,认认真真、踏踏实实地做好每一件事,有吃苦耐劳的精神,按照邮轮客舱各岗位的工作程序、标准,保质保量地完成工作。

三、稳重、周到,有耐心

客舱是宾客休息的地方,必须有一个安静的环境,因此要求员工具备稳重、能耐得住寂寞、甘于默默奉献而不张扬的性格。

宾客的多样性和服务工作的多变性,要求员工经得起刁难、责备,在任何情况下都要有耐心,坚持以让宾客十分满意为服务宗旨,把周到的服务落到实处。

四、主动、勤快,服务意识强

主动服务来源于细心,要把宾客当作亲人或前来做客的朋友,用心来为他们服务,勤动脑、勤动手,想在宾客开口前,急宾客之所需,特殊宾客还需要从肢体语言上和眼神上进行交流,体现出热情、大方,让宾客有宾至如归的感觉,进而提高服务质量。

五、礼貌、热情,气质佳

客舱部员工要外表整洁、端庄,待客礼貌、热情、自然得体。员工的仪容仪表直接体现着邮轮的形象,仪容仪表端庄大方是邮轮客舱部每位员工都应该做到的外在形象,也是与宾客友好交往的通行证。

六、身体健康,技术过硬

邮轮客舱部的许多岗位工作都比较繁重,特别是遇到宾客服务较集中的高峰时还需要加班加点。因此,身体健康、技术过硬是员工应该具备的基本素质,此外更应该树立成为大国工匠、高技能人才的奋斗目标。

七、具备基本的设施设备维修保养知识

邮轮客舱房间内如有设施设备需要维修时,通常由邮轮的工程维修部人员负责,但客舱内设施设备的日常保养则由客舱部员工负责。所以,邮轮客舱部员工必须掌握简单的设施设备故障鉴别和简单维修保养的常识。如遇到一些换灯泡、螺丝松动需要紧固等情

况时，应主动及时地予以修复。

八、具有广博的知识面及英语听说水平

要准确高效地为宾客提供优质服务和数字化服务，并要具有终身学习的意识，以及广博的知识面。为了方便接待外籍宾客，客舱部员工应掌握客舱常用的服务英语，能在对客服务中和外籍宾客进行有效沟通，对音乐和美学常识有所了解，便于邮轮背景音乐、客舱及周边环境布置、客舱用品的选择搭配等；对文学、历史、地理等有一定了解，是为了更好地熟悉邮轮停靠港口当地旅游景点、旅游线路，了解民风民俗，为宾客提供旅游建议和个性化服务。由于国际化的就业环境，邮轮客舱部员工需要为来自世界各国的宾客提供客舱服务，这就需要他们具备较高的英语听说水平，能使用英语与宾客进行无障碍交流。

想一想
Think It

邮轮客舱部都喜欢聘用忠厚老实、踏实肯干、诚实守信、气质俱佳的员工，你认为邮轮客舱部这样做有必要吗？

邮轮客舱产品认知　项目三

Guest Room Types　Task Three

本项目数字化资源

作为一种特殊的邮轮产品,邮轮客舱具有特定的外形和内涵特征。在外形上具有一定的空间(客舱房间)、特定的时间(居住期)和设施设备(客舱家具、用品)等性质。其内涵要通过邮轮客舱部员工提供的服务来实现,例如微笑服务、礼仪礼貌、清洁服务以及技能操作等。同时,邮轮也会根据不同宾客的住宿需求,将客舱的类型、功能、特色和种类进行划分,从而满足不同宾客的需求。

与其他产品不同,邮轮客舱产品具有空间大小、设施设备的配置,运行规格、用品配置与补充的标准以及卫生、安全和综合服务等方面的要求。只有这些方面都达标,邮轮客舱产品才算合格,否则就不可以向游客进行出售。因此,邮轮客舱在设计方面就要求高雅美观,设备和用品要耐用、安全,房间的卫生要清洁到位,服务项目要全面、周到等。总之,邮轮客舱产品可为船上游客提供清洁、美观、舒适、安全的暂住空间。

任务一　熟悉邮轮客舱房型分类

按照不同邮轮公司各自的设计风格和建设规模不尽相同,每家邮轮公司的客舱设计也呈现出多种多样的风格。

一、按客舱房间内床位设置划分

1.双人房(Twin Bed or Standard Room)

双人房也叫标准间,有两张 120 cm×200 cm 或 150 cm×200 cm 的床,要配备两份相应的用品。

2. 大床房(King-size Bed/Double Room)

大床房有一张 180 cm×200 cm 或 200 cm×200 cm 的床,有的房间还配置 220 cm×200 cm 的大床,要配备两份相应的用品。

3. 三人房(Triple Room)

三人房也叫家庭房(Family Flat),除有一张 180 cm×200 cm 的大床或两张 90 cm×200 cm 的单人床外,在房间的顶部还隐藏放置有一张单人床,如宾客需要时,可翻转下来供三口之家使用,要配备三份相应的用品。

4. 多人房(Many Room)

有些度假型邮轮或普通经济型邮轮会根据需要设置三人或四人床位的舱房。在一般情况下,豪华邮轮多人房的房型较少。

双人房(标准间)

Twin Bed or Standard Room

大床房

King-size Bed/Double Room

三人房

Triple Room

多人房

Many Room

二、按客舱房间等级划分

1.单间客舱(Single Room)

单间客舱只有一间客舱带一间卫生间,如单人间、标准间、豪华房(Deluxe Room),豪华房面积比标准间大些。

2.套房(Suite Room)

套房有两间或两间以上的房间,带一间卫生间及其他设施组成的客舱,常见的有:

(1)普通套房(Junior Suite),也叫标准套房(Standard Suite),由连通的两间客舱组成,一间是卧房,另一间兼作起居室(Living Room)、会客室,适合接待同行朋友来访、聊天或商谈等。

(2)豪华套房(Deluxe Suite),房间设计豪华气派、风格独特,注重房间氛围和饰品的配备,以及用品的配套。

阳台舱平面图

◆ 阳台舱

Oceanview Cabin with Balcony

设计简述:有优雅的阳台及家具。其设施包括了大型衣帽间、写字桌及附有淋浴设备的浴室。

室内面积(含阳台):约6 m²

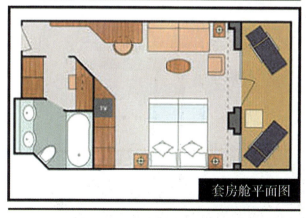

套房舱平面图

◆ 套房舱

Suite

设计简述:大型全景玻璃门,宽敞的私人阳台,浴室设有按摩浴缸和淋浴设备。

室内面积(含阳台):约10.8 m²

客舱设计平面图
Standard Room & Suite Plan

三、按客舱房间方位朝向划分

1.内舱房(Inner Cabin Room)

由于内舱房在邮轮客舱整体的中间部位,因此客舱内没有窗户。空间面积比较狭小,舱房内的设施设备也比较简单,床的尺寸较小,电视机一般悬挂在舱房顶部的边角处。在一般情况下,这种类型的客舱房间的售卖价格较其他房型的客舱便宜一些。

2.内景房(Interior Room)

游客可以从客舱房间内的窗户看到邮轮中间开放或露天的美丽景观。对于大型邮轮而言,在邮轮构造设计时,为减少内舱无窗房的数量和体现邮轮不同主题风格的设计理念,会将邮轮中间部位设计为露天天井式的造型。这样做,一是增强了邮轮整体的实用效果;二是靠内部的客舱房间可以通过窗户进行采光或观景,以达到整体的美观效果。此房型的价格会比内舱房高一些。

3.海景房(Seaview Room)

游客可以从客舱房间内的窗户直接看到浩瀚的大海。在房间设计时,该房间的窗户一般被设计成圆形或方形,在一般情况下,窗户是双层、真空而且不能够打开的。此房型的价格会比内景房高。

4.海景阳台房(Seaview Balcony Room)

一般海景阳台房的房型设计是:房间内部空间比较宽阔,卧室与阳台之间设计为从上到下透明玻璃的拉门,阳台上还会摆放两把凉椅和一个茶几,游客坐在自己房间内的阳台上就可以看到浩瀚的大海。此种客舱房间设计,游客们非常喜欢,尤其是度蜜月的情侣,增加了浪漫的情调。此房型的价格比其他客舱房间价格要高。

除上述客舱房型外,各家邮轮公司都会根据不同邮轮系列和邮轮整体构造来设计风格,房型的种类也会有所不同。总之,不同的房型设计,会给选择邮轮方式出行的游客提供更多自己喜爱的客舱房间来享用。

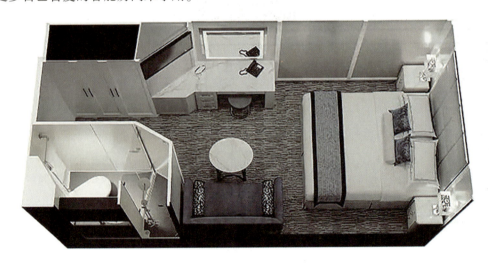

邮轮客舱(内舱房)立体图

A Three-dimensional Diagram of a Cruise Cabin (Inner Cabin Room)

邮轮客舱(海景阳台房)立体图

A Three-dimensional Diagram of a Cruise Cabin (Sea View Balcony Room)

内舱房

Inner Cabin Room

内景房

Interior Room

海景房

Seaview Room

海景阳台房

Seaview Balcony Room

任务二 | 了解邮轮客舱特色设计理念

　　邮轮公司会根据不同宾客的需求,在邮轮客舱整体拥有的基本类型房间以外,还会额外配置或设计一些特殊的客舱房。各种各样的特殊房型的出现,也表明邮轮客舱产品是适应邮轮旅游市场需求的出现而发展的。

一、概念性客舱（Conceptual Room）

随着邮轮产品的发展，为了满足不同宾客的需求，邮轮公司也相续开发、设计出很多具有个性化、概念性的客舱。随着一些有代表性的国家将不同的地域文化、建筑特色、个性装潢等设计理念融入客舱房间的设计中，一些新概念客舱不断涌现，处于不断的开拓、挖掘、创新过程中。所谓的邮轮新概念客舱，如时尚客舱、足球客舱、海底世界客舱、汽车客舱、健身客舱、太空客舱等，能够体现时代前沿的理念设计，逐渐成为邮轮消费者的新宠，也成为邮轮招揽顾客的亮点。

二、高科技客舱（Hi-tech Room）

邮轮客舱的科技成分越来越被消费者看重，邮轮对客舱房间内的科技含量设备配置也越来越重视，很多邮轮客舱具备了网络浏览、红外线感应器、声控效果、LED 屏幕窗、多媒体信息服务等功能。也有一些邮轮公司在对客舱房间设计时，主要考虑方便、舒适、现代化等，如电视采用可旋转的液晶显示屏、音响设备可以遥控、计算机采用触摸屏等。如美国皇家加勒比游轮公司就在 2015 年下水的"海洋量子号"邮轮客舱的内舱房（无窗）设计上，在窗户位置安装了一块 LED 屏幕，将邮轮航行在大海上的实时画面通过摄像投影实时传递的效果呈现出来，使入住此房间的宾客就好似住在了海景房一样。总之，越来越多的邮轮公司在邮轮整体设计上都朝着数字化、信息化、智能化的方向努力发展。

三、无障碍客舱（Room for Disabled）

为了方便行动不便的宾客入住邮轮客舱，一些大型豪华邮轮在客舱设计时，也会考虑为行动不便人士提供特殊的客舱房间。房间内的一切设施设备都以方便宾客使用、休息、活动和出行为目的进行设计。

无障碍客舱卫生间
Toilet Room for Disabled

　　无障碍客舱房间一般会选择在离邮轮楼层电梯口较近的位置；门的宽度不小于0.9 m，保证宾客出入无障碍。在门的不同高度分别安装窥视器和帮助召唤的电子铃等。客舱房间内床的两侧装有短的扶手，方便起卧；窗帘、电视、空调等也都采用电动遥控的装置。客舱房内的设施、家具一般不高于120 cm。

　　卫生间要求出入无障碍，厕位间与门的距离要大于105 cm，方便轮椅自由进出；浴缸和恭桶两侧必须装有栏杆或扶手，并能承受100 kg以上的不同方向的压力或拉力。

四、绿色客舱(Green Room)

　　随着各国对海洋环境保护的重视，邮轮业更应注重"绿色"服务。绿色客舱是拥抱大海、热爱自然的绿色保护者所向往的。

　　绿色客舱是指无建筑污染、装修污染、噪声污染，室内环境符合人体健康要求的禁烟房间。房间内所有物品、用具及对它们的使用都应符合"4R"原则，即减量化原则(Reducing)、再使用原则(Reusing)、再循环原则(Recycling)、替代原则(Replacing)。如客舱房间内减少一次性用品和多余外包装，使用可洗涤的用品，改塑料袋为再使用棉布袋、纸质袋；对污水进行处理再使用；客舱房间内的常用物品做到能回收、可降解，并配有环保告示牌、宣传品等。

　　在现代邮轮建设的过程中，邮轮设计师、建造者都会在宾客需求的调研上越来越深入，邮轮宾客的个性化服务的种类也越来越丰富。因此，现代邮轮在经营特殊客舱产品的市场发展将是一个必然的发展趋势。

想一想
Think It

　　通过上面知识的学习，列举三种宾客入住邮轮时，你通常会推荐哪种客舱，理由是什么？

邮轮客舱房内设施配置 项目四

The Facility Configuration within Cruise Ship Cabin Rooms Task Four

邮轮客舱用品配置设计的重点是让宾客感到舒适和方便。客舱房间内的每一件用品都应充分发挥其效用，不能因浪费或过剩造成宾客或邮轮的损失，造成社会资源的浪费。因邮轮等级与客舱价位的不同，配备用品的种类、质量均有显著的差别。高星级邮轮客舱内物品配置的档次，均能显示出其华丽和名贵；价位较低的邮轮客舱物品的配备则较为简单，只求达到卫生和方便的标准。邮轮的档次不同，配置也就略有不同。

在一般情况下，邮轮客舱设备与用品包括家具、电器、卫生间设备、安全设备和客舱内其他小件用品等。

 任务一｜熟悉邮轮客舱家具

一、床

床是供邮轮宾客休息的主要设备，是宾客在邮轮旅游过程中既能消除疲劳又能恢复精神、既能调节身心又能怡情安逸的必要家具之一。邮轮客舱房间内的床以单人床、双人床为主。

一般邮轮客舱房间内所使用的床，通常为中式床型（即上面是弹簧垫，下面是床屉），床的规格与构成还体现了客舱房间的等级与规格。其类型通常有：

1.单人床（Single Bed）

单人床的设计规格通常为：(100;120 或 135) × 190（单位:cm）。

2.双人床(Double Bed)

双人床的设计规格通常为:(120;150 或 180) × 190(或 200)(单位:cm)。

3.大号双人床(也叫皇后床,Queen-size Bed)

大号双人床的设计规格通常为:(180 或 200) × 200(单位:cm)。

4.特大号双人床(也叫帝王床,King-size Bed)

特大号双人床的设计规格通常为:(200 或 220) ×200(单位:cm)。

邮轮客舱用床的行业标准规定,单人床不低于 100 cm×190 cm;双人床不低于50 cm× 200 cm。各邮轮公司也可根据自己的客舱空间面积来确定床的尺寸,以上尺寸为规定常用尺寸,仅供参考。在通常情况下,床越宽越舒适,档次也就越高。另外,考虑美观、协调及便于服务员操作等因素,床的高度一般应在 40~60 cm 之间。

二、床头柜

标准间床头柜放在两床之间,一般规格尺寸为 60 cm×48 cm×55 cm,除了供宾客摆放小件物品外,还放置电话、小便笺和"请勿吸烟"提示卡。控制面板上装有灯具、电视、音响、时钟等的开关旋钮。下面的空间通常摆放一次性拖鞋、擦鞋纸(布)、电话簿等。

三、咖啡桌

咖啡桌放在窗户前的两把圈椅(扶手椅)中间,一般规格尺寸为 65 cm×65 cm,数量为 1 张,供宾客喝茶用,上面放置水壶、托盘、茶杯、水杯、茶叶等。

四、圈椅

大多数圈椅是用布蒙制的软椅,数量为 2 把,一般规格尺寸为 65 cm×65 cm×40 cm,供宾客休息时用。

五、写字台

写字台也叫梳妆台,供宾客书写或化妆用,一般规格尺寸为 120 cm×80 cm×15 cm,数量为 1 张,上面放有台灯、邮轮客舱服务指南、花瓶等物品。写字台上方安装梳妆镜,尺寸可根据实际面积大小而定,并配有镜前灯,供宾客化妆或着装时用。

六、琴凳

琴凳也叫梳妆凳,放置于写字台下方,以不露出桌边的垂直线为准,摆放于正中,宾客使用时才拖出,规格尺寸为 50 cm×40 cm×40 cm,数量为 1 个。但现代邮轮多把它加长,以便入住高身材宾客时接在床尾,增加床的长度。

七、电视柜

电视柜用于摆放电视(有的邮轮直接将电视放在写字台上)，一般规格尺寸为 100 cm×55 cm×65 cm，数量为 1 个。柜子的下部可供宾客放一些小件物品，也可放置小冰箱。有的邮轮将此柜做成组合柜，可放电视、冰箱、咖啡杯具、洋酒、冰桶等。

八、行李柜(或行李架)

行李柜用于放置宾客行李，下面的空格板可放宾客的皮鞋或开夜床时放床罩用。一般规格尺寸为 100 cm×55 cm×60 cm，台面布有防滑条。

九、衣柜(壁柜)

衣柜内有挂衣杆、普通衣架、西装架、裙架等，供宾客挂放衣服用。一般规格尺寸为 200 cm×120 cm×55 cm，通常放在门道的侧面。有些邮轮将酒柜和衣柜连在一起。

以上是标准间常用的家具。当然，不同的邮轮根据自身客舱空间及设计的需要，也会适当增减一些家具。

客舱家具摆设

The Cabin Furniture

任务二 熟悉邮轮客舱的电器

一、电视机

电视机的品牌和尺寸通常由邮轮的档次决定,通常标准间电视机的尺寸是 21 英寸。近年来邮轮大部分都配置液晶电视。

二、小冰箱

海景房以上的房间内会有小冰箱放在酒柜内,一般选用容量为 50 L 的小冰箱。套房的冰箱容量在 150 L 以上,内放饮料、小食品等,饮料一般为 8 种,共 16 听。

三、电话

电话 2 部,一部放置于床头柜上,另一部挂在卫生间恭桶与浴缸之间的墙壁上方,以方便宾客在卫生间接听电话。

四、灯具

邮轮客舱内灯具较多,数量视客舱房间的大小而定。为了满足客舱房间整体照明与局部照明的需要,就标准间来说,一般有以下品种:顶灯 1 盏,安装在房间天花板顶部位置;台灯 1 盏,放在写字台上,可调节明暗;镜前灯 2 盏,一盏在客舱梳妆镜(写字台)上方,另一盏在卫生间浴镜上方;床头灯 2 盏,在床头的侧上方,可调节明暗;房间通道灯筒灯 1 盏;夜灯 1 盏,在床头柜下方;射灯 2 盏,在酒柜上方;地灯 1 盏,在进门走廊的左下方或右下方;卫生间筒灯(防雾灯)1 盏,日光灯 1 盏。

五、空调

客舱房间内的空调在房间过道上方,隐藏在墙内,只留出风口和吸风口,一般都是中央空调。部分邮轮安装独立空调,有冷热开关可调节风力、温度。

六、换气扇

换气扇安装在卫生间顶部，抽出湿气，输入新鲜空气。

七、吹风机

吹风机装在卫生间的浴镜旁，常为挂箱式，取下时会自动吹风，挂上后会自动断电。也有传统手提式的，安装在云石台下的抽屉内。

房内电视机
TV in the Room

多功能电话机
Multifunctional Telephone

空调（出风口）
Air Conditioning（Air Outlet）

吹风机
Hair Dryer

了解邮轮客舱内卫生间设备

一、浴缸

一般在豪华海景房或海景套房以上类型、级别的房间的卫生间内才会配置浴缸。浴缸数量为 1 个,一般安装在卫生间门后方,供宾客盆浴用。

二、面盆

面盆安装在云石台面上,规格为标准尺寸,配备 1 个,供宾客洗脸和漱口用。

三、恭桶

恭桶安装在卫生间内,规格为标准尺寸,配备 1 个。

四、洗脸台

洗脸台安装在卫生间浴镜的下方。洗脸台上还会安装洗脸盆,并放有为宾客提供的一次性卫生用品,如口杯、洗发水、沐浴露等。

五、浴帘

浴帘与浴帘杆一起安装在浴盆或淋浴间的外上侧,白天拉开,开夜床时将浴帘拉至浴盆的一半,并将下摆放入浴盆中,供宾客淋浴时阻挡水外溅用。一般规格尺寸为 170 cm× 182 cm。

六、浴巾架

浴巾架安装在浴缸尾部的墙壁上,挂放浴巾用,每房配备 1 个,为不锈钢制品。一般规格尺寸为 63 cm×20 cm。

七、面巾架

面巾架用于挂面巾,其为不锈钢制品,可根据装修风格选定圆形、三角形或直线形等。传统直线形面巾架每房配备 1 个。通常选用有造型的面巾架,根据房间面巾配备量来确定其数量。

八、厕纸架

每个客舱房间的卫生间恭桶旁都会配备 1 个厕纸架,用于装卫生纸。

九、皂台

皂台为陶瓷制品,每间配备 1 个,镶嵌在浴缸侧面的墙上,用于放香皂。

十、面巾纸盒

面巾纸盒为不锈钢件,镶嵌在云石台正侧或两旁任意一侧的墙壁上,用于摆放面巾纸。也有木制、藤制件的面巾纸盒,直接放在云石台面上。配备 1 个,规格与标准纸巾盒相同。

十一、浴缸扶手

浴缸扶手安装在浴缸侧面的墙上,供宾客扶拉用,以防滑倒。

十二、晾衣绳

晾衣绳安装在浴帘杆旁的墙壁上,将绳索拉出时,可供宾客晾晒小件衣物。配备 1 个。

十三、洗手液盒

洗手液盒安装在云石台的侧面墙上,通过按钮压出洗手液供宾客洗手用。大多数三星级邮轮都在云石台上放一个瓷皂碟,放入小香皂来代替洗手液盒。

十四、体重秤

体重秤放在卫生间云石台下供宾客称量体重用,体重秤应可称量至少 120 kg 的体重。

十五、挂衣钩

挂衣钩为双耳式,一般会安装在卫生间内门面上,供宾客挂衣用。

客舱内卫生间
Toilet Room in Cabin

晾衣绳
Clothes Line

双耳挂钩
Linked Ears

任务 四｜了解邮轮客舱内安全设备的配置

为了确保邮轮客舱内宾客的生命和财产安全,预防邮轮客舱火灾和其他安全事件的发生,客舱区域必须配置各种安全设备,如门窥镜(猫眼)、防盗扣(安全链)、安全消防指示图(走火图)、烟雾感应器、自动喷淋设备、保险箱、救生衣等。

一、门窥镜(猫眼)

门窥镜安装在客舱房门上,可让宾客在门内通过它观看门外情况。

二、防盗扣(安全链)

防盗扣安装在客舱房门后的门锁旁。当宾客进入客舱房间后,将防盗扣挂上,开门时就能起到防护的作用。

三、安全消防指示图(走火图)

安全消防指示图(走火图)安装在客舱房门后与眼睛平行的位置,用来提示宾客安全通道和标明现在宾客所处客舱房间的位置。

四、烟雾感应器

每间客舱房内至少安装 1 个烟雾感应器,一般安装在客舱房间正中顶部。当客舱房间空气中烟雾达到一定的浓度时,烟雾感应器会自动报警。其目的是将火势控制在萌发的状态下,保障客舱房间内宾客和客舱设施设备的安全。

五、自动喷淋设备

每个客舱房内配备 1 个,安装在房间顶部。当室内温度达到 62~65 ℃时,中间红色玻璃管爆裂,同时会自动喷水进行灭火,其喷水量为 1 t 左右。

六、保险箱

保险箱安装在客舱房间内门后处的衣柜内,与柜体紧密相连,宾客根据使用说明书自设密码后,便可将贵重物品放入其中。

七、救生衣

救生衣在客舱房内壁柜中,根据房间人数(一般不少于 2 件)进行配置,通常都放置在壁柜内上部区域的隔板上方。

此外,客舱楼道上也应配置安全设施,如闭路电视监控装置、自动灭火器、安全指示灯、消火栓、自动报警器等。

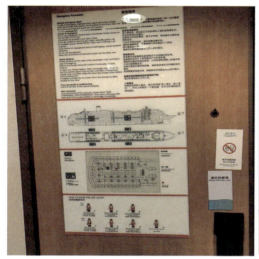

门窥镜/走火图

Peephole/Fire Map

烟雾感应器

Smoke Detector

自动喷淋设备

Automatic Sprinkler Equipment

救生衣

Life Jacket

任务五　熟悉邮轮客舱用品

邮轮客舱用品主要指布草、其他备用品及低值易耗品。

一、邮轮客舱布草

在一般情况下，客舱房间内主要有以下布草：

1.床罩

每房配备2套。

2.床垫

一般每间客舱房间内配备2张，与床的平面尺寸一样，铺在床屉上，上方再铺床单，起防滑和保护床垫表层的作用。

3.床单

每张床配备1张床单（中式铺床）。

4.枕套

每张床配备2个。

5.被套

被套装棉被用，每张床配备1个。

6.枕芯

枕芯为三维卷曲棉或羽绒材质，每张床配备2个。

7.棉被

棉被选用踏花被或羽绒被。每张床配备1床，尺寸根据床的大小来选择，一般宽度在150 cm以上。

8.毛毯

毛毯是西式铺床的主要保暖设备，每张床配备1条。一般选用纯羊毛、净色、不带图案的毛毯。（现在此类型铺床方法已不再使用，毛毯可作为客舱房间内的备用品）

9.浴巾

浴巾供客舱内宾客沐浴后用，每房配备2条。

10.面巾

面巾供客舱内宾客洗脸或沐浴用，配备量和浴巾相同。

11.地巾

地巾平时放在浴缸或淋浴间门边的中央位置,开夜床时放在浴缸前方或淋浴间门口的地面上,供宾客沐浴后脚踏用,有的邮轮还在开夜床时放1条在床侧的地面上。每房配备1条。

12.方巾

方巾供宾客擦手、化妆时用,配备量通常与浴巾的配备量相同,高档次的邮轮每客配备2块。

13.窗帘

窗帘要求透气性好,美观、大方,颜色以调和色为主,与家具、地毯颜色相协调,图案、颜色最好与床罩一致。质地优良,以棉、麻、丝为主,褶皱比例为1:20。一些邮轮公司也会按照每艘船的整体风格来设计色彩。

14.纱帘

白色,有垂感,以棉、麻、丝为主,通透性好,纱帘应常处于关闭状态,褶皱比例为1:20。

15.遮光帘

遮光帘在中间层,与窗帘粘连,同时开启或关闭,以黑色或灰色为主。为了保证宾客的睡眠,要求遮光帘蔽光性好,起到遮挡阳光的作用,褶皱比例为1:20。

16.浴袍

浴袍供宾客浴后或浴前用,为纯棉或丝绸制品,要求柔软舒适且保暖。

客舱卧室及卫生间布草

Cabin Bedroom and Toilet Linen

二、其他备用品

邮轮客舱房间内的其他备用品,主要包括:

1.门牌

配备1个,安装在客舱房门正上方,标注房间号。

2.挂画

挂画根据房间大小来安排,可挂1~2幅。

3.冰桶

冰桶配备 1 个,盛放冰块用,配有冰夹,放在酒水柜里。

4.酒水篮

酒水篮配备 1 个,摆放小洋酒用,放在酒水柜上,并配有调酒棒和酒杯。

5.垃圾桶

垃圾桶一般选用可阻燃的塑料桶,也有外壁是木制、内壁是不锈钢或藤编材质的。数量为 2 个,卫生间 1 个,客舱房间内写字台下侧 1 个。

6.客舱服务指南

客舱服务指南 1 本,介绍邮轮各类服务项目,放于文件夹中。

7.文件夹

文件夹为仿皮或真皮制品,每间客舱房内 1 本,放邮轮宣传单和邮轮船上所有服务指南等,摆在客舱房间内的书桌上。也有的邮轮用文件盒,放于抽屉内。

8.茶杯

茶杯 2 个,以白瓷、净色为主,放在咖啡台上的托盘中。

9.茶盅

茶盅用来盛放茶叶,配备 2 个,一个放在茶杯前,另一个放在酒水柜的咖啡杯具前,放糖和咖啡伴侣。

10.果汁杯

果汁杯 2 个,为玻璃制品,放在茶杯旁,供宾客喝饮料用。

11.托盘

托盘 2 个,为塑料制品或漆器、不锈钢制品、木制品。

12.花瓶

花瓶 2 个,一个放于书桌上,另一个放在卫生间。插入鲜花或绿色水竹,供宾客欣赏,向宾客表达祝福之情。

13.咖啡杯具

咖啡杯 2 只、杯碟 2 只、咖啡匙 2 把,放于酒柜内。

14.衣架

平衣架 4 个,挂普通衣物;西装架 4 个;裤架(裙架)2~4 个。放在衣柜内。

15.衣刷

衣刷 1 把,放在衣柜中,供宾客刷衣服上的灰尘用。

16.鞋拔

鞋拔 1 把,放在衣柜中。

17.小酒吧

小酒吧放置 4~5 种洋酒,小瓶红葡萄酒 2 瓶,饮料 8 种各 2 瓶,小食品 5 种。

客舱小酒吧摆设的用品
Supplies for the Cabin Bar

三、低值易耗品

当今国内外的邮轮公司,积极响应"绿色海洋"环保理念,严格把控客舱内或房内卫生间的低值易耗品。

卫生间内低值易耗品一般有:小香皂1块;简易牙具2套(内有牙刷、牙膏);洗发水和沐浴露(大瓶罐装式样,镶挂在浴室的墙面上);卷纸2卷,一卷安装在厕纸架上,另一卷放在备纸架或备纸盒内;面巾纸1盒,放在面巾纸盒内;卫生袋1盒,放在恭桶水箱上,为不透明塑料制品或防水纸制品,供宾客装污物扔入垃圾桶;杯垫2个,放在杯具即漱口杯下方。

邮轮客舱房间内低值易耗品一般有:一次性拖鞋2双,邮轮可根据客舱档次选择无纺纸质布拖鞋或棉拖鞋,根据房内实际人数配置,放在床头柜下方或壁柜内下方;擦鞋纸(布)2张,有的邮轮配亮鞋擦,放在拖鞋旁,供宾客擦鞋用;袋装饮品2包,放在茶盅里:咖啡、咖啡伴侣、糖各2包;洗衣袋2个,放在壁柜或书桌抽屉中;洗衣单2份;宾客意见书2份;"请勿吸烟"指示牌1张;"环保节能卡"1张及各类宣传印刷品等。

一次性拖鞋
Disposable Slippers

免费饮品/杯具/加热壶
Free Drinks/Cups/Pot

四、邮轮客舱陈设物品的配置

邮轮客舱的陈设物品或艺术品的点缀，不仅能够增加客舱的美感，还能从视觉效果上增加客舱的立体空间感。邮轮客舱艺术品陈设以摆设品和挂件为主。

1.摆设品

客舱的摆设品主要分两类：一类是能够体现出客舱档次和风格的艺术品摆件，如精美的雕刻等；另一类是能够突出客舱生机、改善客舱环境的摆件，最常见的是植物盆景。

在装饰设计时，艺术品摆件的使用要与客舱的整体风格相适应。这里的适应包括色彩的适应、造型的适应、风格的适应等。在选择植物时，不仅要选择造型优美的，还要选择能够净化室内空气、对人体安全无害的，如佛肚竹、南洋杉、印度橡皮树等。在选择盆景时，切记应该选择无花的盆景。因为有花的盆景可能会使一些宾客过敏，效果适得其反。

2.挂件

邮轮客舱内挂件有挂画、小型手工艺品等。挂画类型以原创的国画或油画为最佳。

邮轮客舱设计理念与原则 项目五

Cabin Design Concept and Principles
Task Five

本项目数字化资源

邮轮客舱设计是为了给邮轮客舱住宿宾客创设良好的居住环境。邮轮客舱管理人员，除了掌握部门日常运营与管理的基本知识和技能之外，还必须树立正确的邮轮客舱产品设计理念，把握好科学的设计原则。同时，邮轮客舱管理人员应及时了解邮轮客舱产品的流行格局，研究邮轮客舱装潢用料、家具及其他装饰品的创新趋势，只有这样，才能规划设计出受顾客欢迎的客舱产品。

邮轮客舱设计的基本内涵主要包括在产品设计中如何体现邮轮"宾客至上"的服务理念，如何营造邮轮的文化氛围、凸显邮轮的特色，如何确定邮轮客舱档次与风格，如何选择邮轮客舱的设施设备、用品，如何设计客舱的室内环境等。一般邮轮客舱产品的设计，主要是指邮轮客舱硬件设施与装饰设计方面，具体包括邮轮客舱功能设计、客舱类型设计、客舱设施设备及用品配备、客舱室内设计与装饰等内容。

任务一 | 了解邮轮客舱设计理念

一、体现邮轮个性特色

邮轮客舱部是邮轮整体经营的重要部门，也是与宾客联系最密切的部门之一。邮轮如果脱离了客舱，一切运作都将失去意义。可以说，客舱是邮轮给宾客留下最深刻印象的场所。随着旅游产业的蒸蒸日上，邮轮行业得到了快速的发展，邮轮市场的竞争也越来越激烈。因此，如何根据自身的实际情况，通过对自有的特色进行创新，增强自身的市场竞争力，是邮轮经营管理者要着重考虑的问题。特色和创新是邮轮客舱产品生存和发展的必然趋势。邮轮客舱产品的创新首先应在规划设计阶段以"个性化"为导向，树立"人无我有，人有我新，人新我优，人优我变"的设计理念。

二、体现"以人为本"

对邮轮来说，客舱产品的各个方面都应当是尽善尽美的。为此，邮轮在设计装修之初，在每个环节上都应该注重"以人为本"。邮轮公司应依据自身的情况，在宾客的舒适感受与使用方便方面多下功夫，充分体现人性化，为宾客营造一个舒适、温馨的"家外之家"。

三、有利于邮轮服务与管理

邮轮客舱设计具有完整、丰富、系统和细致的内容。邮轮客舱设计并非只是设计师的工作，邮轮公司的管理者也必须参与进去，从邮轮运营的规律和客舱产品的质量要求方面出发分析问题、理解问题，只有这样才能为邮轮宾客提供优质的客舱产品。同时，随着时代与技术的进步，邮轮产业也面临着不断变革与创新的挑战，因此在邮轮客舱设计上必须既要体现创新与特色，又要遵循邮轮服务与管理的需求原则。

任务二　了解邮轮客舱设计的因素与原则

一、影响邮轮客舱设计的因素

邮轮客舱产品设计是一项系统的、完整的工作，涉及许多方面的内容，同时也受到多种因素的制约。

1.邮轮的定位

影响客舱产品设计的主要因素是邮轮的定位。邮轮定位的内容包括邮轮的类型、规模、档次和目标市场等方面。邮轮客舱产品设计应针对邮轮定位的需要，为顾客提供优质的现代化生活场所。比如旅游度假型邮轮，在客舱产品设计上就要考虑宾客的休闲娱乐需求等因素。

2.邮轮的经营效益

邮轮客舱产品的设计，必须从邮轮整体的经营管理角度出发，充分考虑投入与产出的关系，为顾客设计出"价有所值""价超所值"的邮轮客舱产品，同时为邮轮经营者设计出别具特色和具有更高经济效益的客舱产品,从而体现出邮轮经营管理者和设计师之间的共同智慧。

3.宾客需求

影响邮轮客舱产品设计的关键因素是宾客需求。宾客入住邮轮后,在餐厅用餐的时间会有 2~3 h,在休闲区域的健身、娱乐等方面的时间可能会有 3~4 h,而在邮轮客舱房间内停留的时间会远远超过在其他场所停留的时间,一般会有 8~12 h。所以,邮轮客舱的室内装修、装饰会对宾客产生直接而深远的影响,同时也是影响宾客是否再次选择此品牌或航次邮轮的重要因素。

除了影响邮轮客舱产品设计的几个主要因素外,优质的邮轮客舱产品设计是更为先决的条件。

二、邮轮客舱设计的原则

1.安全原则

安全性是舒适、健康、高效的前提,邮轮客舱的安全主要体现在治安、防火和保持客舱的私密性等方面。

(1)治安。邮轮客舱治安的重点是加强盗窃、斗殴和恐怖袭击等方面的安全控制。因此设计时不仅要考虑邮轮整体建筑风格、通风采光、客舱节能减耗、保护邮轮宾客隐私的需要,还必须考虑安全的需要。邮轮客舱房门应当配备电子锁与其相匹配的电子磁卡钥匙等装置。同时客舱还应配备一些其他各类型的安全设施。

(2)防火。根据统计数据,公共建筑中酒店的火灾发生率最高,死亡人数也较多。邮轮是海上流动的酒店或度假村,每航次的宾客数量很多,分布密集,所以邮轮发生火灾的概率就较高。邮轮客舱发生火灾,很大比例是由客舱房间内的宾客在床上吸烟引起的。客舱空间较小,如果发生火灾,烟雾会充满房间而使人窒息。因此,邮轮客舱产品设计的安全原则要把重点放在预防火灾上。

(3)保持客舱的私密性。邮轮客舱是宾客住宿期间的私人场所,要求安静,减少外界干扰。因此,在设计时应采取一些手法增强客舱的私密性,以增加宾客的心理安全感。如走廊上客舱房门错开设计,也可采取葫芦形走廊的设计,拉大客舱门之间的距离,使客舱门前形成一个较安静的空间。

2.舒适原则

邮轮客舱是宾客休息的场所,是宾客在邮轮停留时间最长的地方。因此,邮轮客舱的舒适性也就成为邮轮客舱设计追求的主要目标。"舒适"由无数主观评价合成,不像声音、温度那样有具体的测定数据。来自不同国家、地区的宾客,会因其各自的生活习惯,民族、宗教、习俗的差异,对邮轮客舱舒适性给出不同的主观评价。因此,在邮轮客舱空间安排、家具与装修创造以及现代设备提供等方面的舒适感上,都需要以邮轮住宿宾客的习惯为依据进行设计。

3.健康原则

环境会直接影响宾客的健康。噪声会危害人的听觉健康,照度不足会影响人的视觉健康,生活在全空调环境内,新风不足、温湿度不当则会损害宾客的健康。因此,邮轮客舱产品的设计必须遵循健康原则,重视邮轮客舱环境中的隔音、照明及温控。另外,邮轮客舱装修后建筑材料带来的污染问题也不能忽视。

(1)隔音。邮轮客舱常处于多种噪声之中,噪声的来源主要有邮轮客舱内部与外部两个方面。邮轮客舱内部主要是设施设备运行和使用过程中产生的各种噪声,如空调器、淋浴、上下水管流水及冰箱等;邮轮客舱外部主要是来自邮轮内外部的各种噪声,如来自窗外的城市环境噪声,来自邮轮空调机房、排风机房及其他公共活动用房的噪声,来自隔壁房间的声音,来自邮轮客舱走廊如房门开关、走廊里工作车的推动、吸尘器的声响以及宾客或服务员谈话等。

上述可能出现的噪声,在邮轮客舱设计时都应提前考虑并加以控制,以保证宾客能得到良好的休息。

(2)照明。邮轮客舱是宾客在邮轮停留时间最长的私人空间。邮轮客舱照明设计的主要出发点是要营造客舱家庭般的温馨氛围,因而邮轮客舱的照明要以宁静、温暖和亲切为基调。邮轮客舱照明艺术以灯光处理为主,基本功能要求照度适当,使宾客与邮轮客舱服务员都能看得清楚、看得舒服,也不刺眼。

(3)温控。温控要解决邮轮客舱室内温度和新风供应等问题。能使人体的体温调节功能处于最低活动状态的环境,就是令人舒适的环境。现代邮轮为了克服多变的气候带来的不适感,多数采用人工气候,即采用邮轮空调系统来保持一定的温度、湿度和气压,以保证宾客的健康。

空调温度、湿度设计标准与邮轮室外气候有关,各国均有国家规范。由于空调系统大量耗用电能、热能或冷能,因此,各邮轮公司都应根据本国国情及邮轮的实际情况设计不同的空调参数。

新风量是空调设计中的另一个重要问题,不仅旨在解决二氧化碳浓度,同时还可以减少建筑装修带来的污染。

4.功能和效益相结合原则

邮轮客舱产品设计的好坏,不仅会影响邮轮客舱服务质量,还会直接影响宾客的心理感受,并最终影响宾客对整体服务质量的评价。因此,在进行邮轮客舱设计时,应充分考虑建筑空间的运用,家具的制作、摆放,工艺品、电器的选择,以及照明的辐射范围等。但是邮轮客舱的设施也不能盲目地追求功能上的拓展和完善,应该根据邮轮旅游目标市场和档次,灵活地把邮轮客舱的实用性和功能结合起来,兼顾邮轮实际的经济效益,努力做到经济实惠。

邮轮客舱的空间设计　项目六
Space Design for Cabin　Task Six

本项目数字化资源

邮轮客舱是宾客住宿期间的主要活动场所,客舱产品的品质在一定程度上取决于其功能和空间的好坏,也直接关系着宾客的满意程度。因此,客舱设计应考虑客舱运营的要求及宾客活动的规律,也要充分考虑其空间和功能的设计。

任务一　了解邮轮客舱整体空间布局

邮轮客舱设计的好坏取决于对客舱空间的设计,即邮轮客舱室内空间构图的科学性和有效性。所谓邮轮客舱空间构图,就是在建筑结构已经确定的条件下,采用不同的艺术处理手法创造出美好的空间形象,给宾客提供舒适、美观的住宿环境。

一、邮轮客舱空间构图

高低、大小不同的空间,能给人以不同的精神感受,如大空间使人感到宏伟、开阔,而低矮小巧的空间经过良好的设计,能使人感到温暖、亲切。人们对空间的主观印象,即对空间高低、大小的判断,主要是凭借对视野所及的墙面、天花板、地面所构成的内部空间形象的观察来形成的。基于对邮轮建筑空间使用效率的要求,除了高档豪华的邮轮,一般邮轮的客舱空间都有一定的局限。因此,不仅要充分考虑客舱功能方面的要求,还必须充分考虑客舱的空间分割与构图布局,在客舱设计中采用不同的艺术手法来丰富空间形象,通过对邮轮客舱的设施设备、光线照明以及用品的科学运用,营造出良好的客舱室内氛围,避免压抑感。邮轮客舱设计的艺术处理手法主要有：

1.抑扬

抑扬的处理手法一般适用于室内空间构图的过渡。在客舱空间较小的情况下，为了给宾客带来宽敞的感觉，可以在客舱楼层过道设计较低矮的天花板，并装上较暗淡的灯光。宾客通过客舱区域楼层过道进入客舱后，会有一种突然宽敞、明亮的感觉，先抑后扬、由小变大、由暗变亮都能够使宾客在心理上产生积极的效果。

2.延伸

延伸的处理手法可以使宾客在低矮空间的客舱中获得较为开阔的视野。邮轮客舱一般可以利用窗户将室外景物和客舱室内环境结合起来，不仅开阔了客舱室内空间，还能使宾客在邮轮客舱内欣赏到美妙的风景。近年来，新建邮轮的客舱一般采用大玻璃窗户，原因就在这里。同时，还可以凭借墙面、天花板和地面的延伸感，改变客舱室内空间的比例尺度。延伸的具体处理手法有很多，其重点是尽量利用墙面、天花板、窗户，形成一个诱导视野的面，把客舱室外的风景延伸至客舱室内，使客舱室内外景物互相延伸，丰富观赏层次，形成美好的空间构图形象。

3.围隔

围隔的处理手法一般适用于双套、三套和多套间，因客舱室内空间比例尺度大，围隔的手法也多种多样。为了给宾客创设一个典雅、舒适的空间构图形象，可以根据需要，采用折叠门、墙壁、垂幔，将客舱卧室和会客室隔断；也可以用屏风、家具、花草、灯光等物品，营造一个独立的空间和氛围，以便于宾客促膝谈心。双套间客舱可以用屏风将会客间和卧室的某一局部空间围隔起来，对会客、交流、写字的空间进行分隔。同时，注意将其和墙面、天花板、地面的艺术处理手法结合起来，以形成一个温馨、舒适的空间。

4.渗透

渗透的处理手法一般适用于单间客舱和卫生间等小尺寸的空间。一般通过镜子或玻璃墙等在视觉上得以相互渗透，从而增强了空间的层次感，给人以空间扩大的错觉。如卫生间面积较小，客舱室内空间有压抑感，可以在墙面安装大镜子，客舱室内空间就似乎增加了一倍，从而给宾客以开阔、舒适的感觉。客舱标准间会在写字台前安装较大的镜面，不仅方便宾客梳妆，而且也将客舱室内局部景物加以渗透，丰富了客舱室内的空间构图。

二、邮轮客舱空间的分区和均衡

邮轮客舱空间设计可以根据功能分为几组不同的活动区域，它们既有局部的艺术特色，又相互联系，成为一个完整的空间构图形象。这样既有利于提高内部空间使用效率，又可以使几个空间交隔布局。在邮轮客舱分区的设计上要注意各个分区之间的均衡感。由于各个分区之间的面积较小，空间均衡感的构成有赖于邮轮客舱室内空间各个分区面积的分配，有赖于各个分区的设施设备和用品在形体、重量、色彩等方面表现出的均衡，也有赖于客舱陈设布置是否适当，以及结构体系和整个风格的一致性。它们都以整体作为自身存在的基础，同时又以本身的体量作为总体空间构图的一部分。也就是说，在功能分区之前，首先要根据客舱面积的大小、分区功能的需要，从邮轮客舱室内空间构图的整体形象出发，设计好各个分区所占用的面积、需要配备的设施设备、用品及陈设布置的艺术手法等。

客舱空间效果图
The Cabin Space Rendering

三、邮轮客舱的重点空间设计

在进行邮轮客舱空间设计时,为了强调室内功能,常常要通过某些艺术处理手法突出重点空间,从而形成空间的特殊氛围。邮轮客舱卧室空间设计的重点在宾客的睡眠区和靠窗户的活动区。睡眠区主要有床和床头柜,不仅要做到舒适,而且要均衡、美观,两个床位之间的通道尺度要合理。活动区往往是宾客休息、阅读、谈话的地方。因此,这一区域要留出一定的空间,摆上茶几、扶手椅,再配上落地灯,营造温馨、舒适的氛围。邮轮客舱内卫生间空间设计的重点在洗脸台。洗脸台设计要合理、美观,墙面安装大玻璃镜子,不仅方便宾客梳洗化妆,也能使卫生间显得宽大、舒展。

任务二　熟悉邮轮客舱空间设计

邮轮宾客入住客舱,一般会有睡眠、盥洗、储存、书写、起居等方面的需求,因此,在邮轮客舱室内功能设计与空间布局上,必须相应地划分出睡眠、盥洗、储存、书写、起居5个基本区域,并使邮轮客舱具备相应的功能,从而满足邮轮宾客的使用需求。

一般在设计邮轮客舱时,都会考虑今后邮轮宾客在客舱房间内功能、居住或使用上的便捷性和舒适性。具体空间情况如下：

一、睡眠空间（Sleeping Space）

睡眠空间是邮轮客舱最基本的空间。其最主要的家具是床。对于床的质量的一般要求是：床垫与底座要合适并有弹性，而且要坚固，可以方便移动；设计上要有优美的造型。一般邮轮客舱床头的后侧都会设有床头软板，以增加舒适感。

在床的两边设有床头柜，便于宾客摆放一些小物品。现代邮轮的床头柜的功能可以满足宾客在就寝期间的各种基本需要。床头柜上设有床头灯、电视机开关，客舱房间所有灯的开关，音响及音量调节开关，时钟和电话座机等。

二、盥洗空间（Toilet Space）

邮轮客舱室内的卫生间也是宾客的盥洗空间。主要的卫生设备有坐便器（恭桶或冲洗器）、洗脸盆、浴缸。浴缸应带有淋浴喷头及浴帘，底部采用光面与毛面相间的防滑措施，上方墙上有浴巾架及晒衣绳盘。坐便器旁装设有卫生纸架。有的豪华房间里，还在坐便器旁设有冲洗器。洗脸盆设在大理石的台面里，并在墙面上配有大块的洗漱镜（有的邮轮将洗漱镜中间后部进行热感处理，可以防止雾气的影响），有的邮轮在镜面里镶嵌放大镜，以供剃须使用。大理石台面上可放置各种梳洗、化妆及卫生用品。在洗脸台侧面墙上，则设有供应各种直流电的插座（一般为 110 V 和 220 V 两种），110 V 一般是供宾客为电动剃须刀充电用的。

卫生间应有通风换气位置，地面有排水的地漏。但是，现代邮轮为了防止地漏返臭味，逐渐出现取消地漏的趋势。

三、储存空间（Storage Space）

邮轮客舱内的储存空间是宾客存放私人物品、衣物、小件行李等物件的地方。这一空间的家具和设备，一般主要有以下几种：

1.壁橱

壁橱大多设在邮轮客舱入口处的过道旁，也有的设在邮轮客舱内的其他位置。壁橱的宽度应大于 100~105 cm，进深应不小于 50~55 cm，挂衣杆离底面的高度应不小于 165~170 cm，其上面应有不小于 7.5~8.0 cm 的空间，橱门以推拉式为宜。橱内要有照明灯，橱内照明灯应能随橱门的开关而亮灭，既方便宾客存取物品，又保证安全。壁橱内一般都有格架，用于存放邮轮客舱的备用品，如被子、毛毯、枕头、救生衣等。

2.保险箱

高档次的邮轮客舱内部配有小型保险箱，供宾客存放贵重物品用。保险箱摆放的高度要适中，以避免宾客存取物品时弯腰跪地。保险箱通常放置在壁橱内或其他隐秘处。

3.行李架

行李架一般高 45 cm，宽 65 cm，长 75~90 cm。行李架的设计应注意防止对金属器件的损害,也应注意对宾客行李箱的保护作用。

4.酒柜

酒柜专用于摆放邮轮客舱小酒吧(Minibar),向宾客提供酒水、饮料等。

四、书写空间(Writing Space)

邮轮客舱书写空间是指宾客书写、阅读及办公的区域。对于标准间来说,书写空间一般会设置在床的对面。沿墙摆放1组柜台,其中包括写字台(兼做梳妆台),宽40~50 cm,高70~75 cm(或根据具体房型而议)。配备1张靠背椅或梳妆凳,同时在写字台对面的墙上安装1面梳妆镜。近年来,许多邮轮的做法是不再使用长条组合柜台,且取消床对面的墙上的镜子(这种做法不够大方,而且显得庸俗,有些宾客忌讳将镜子对着床),而是用多功能的橱柜来摆放电视机或其他物品,将写字台独立出来摆放在面前,这样宾客使用起来就更加方便和舒适。通过这种调整,整个邮轮客舱房间显得更加美观、整齐,既改善了视觉效果,又增强了客舱的方便性、实用性,提升了舒适度。

五、起居空间(Living Space)

一般的邮轮客舱标准间的起居空间通常设在客舱房间内的窗前区,这里会放置圈椅、休闲椅和茶几,供宾客会客或休息、饮食用,宾客可在此饮茶、吃水果、看杂志等。

邮轮客舱除了上述5个空间区域及配套家具外,还有其他设备和装置,如中央空调和消防报警装置等。邮轮大多使用中央空调来调节室内的温湿度,净化室内空气。消防报警装置有烟感器和温感器。烟感器的作用是当客舱室内的烟雾浓度达到一定标准时自动报警,温感器的作用是当室内温度达到一定标准时自动报警。

随着科技的进步以及邮轮业的蓬勃发展,邮轮客舱的布局及设备的配备也在不断地变化和革新。邮轮客舱应不断提高设施设备的档次,使其更加人性化,更能充分地满足不同宾客的需要。

睡眠空间

Sleeping Space

盥洗空间

Toilet Space

储存空间

Storage Space

书写空间

Writing Space

起居空间

Living Space

邮轮客舱装饰知识与发展趋势 项目七
Cabin Decoration and Trends　Task Seven

本项目数字化资源

　　邮轮客舱的装修、装饰会对选择邮轮旅游或出行的宾客产生深远的影响,是宾客是否再次选择乘坐邮轮出行的重要因素。如今,各大邮轮公司的经营者们越来越注重对邮轮客舱的更新和改造,目的就是让邮轮客舱住宿的宾客有一种常住常新的感觉。随着全球邮轮产业的腾飞和迅速发展,各种类型的邮轮如雨后春笋般地建成并下水。作为邮轮不可分割的一部分,邮轮装饰也随之发展起来。如果留意一下近几年来新建或改建的邮轮客舱就会发现,邮轮客舱装修、装饰正在悄悄地发生变化。邮轮客舱的装修、装饰正在向更能满足宾客的实际需求、实用化以及人性化的方向发展。

任务一　了解邮轮客舱色彩方面的知识

一、色彩的概念

　　色彩是光从物体反射到人的眼睛所引起的一种视觉心理感受。它是光波作用于人眼后产生的视觉属性,是光在物体上的表现或物体发射、反射的光在视觉中所产生的印象。色彩按字面含义理解可分为色和彩。所谓色,是指人对进入眼睛的光并传至大脑时所产生的感觉;彩则指多色,是人对光变化的理解。它不仅能影响人的情绪,还能制造出氛围和情调。因此,如何创造丰富而协调的邮轮客舱室内色彩效果,是邮轮客舱管理者必须研究的一个重要课题。

1.色彩的分类

色彩可以分为无彩色系和有彩色系两大类。无彩色系是指白色、黑色或由白黑色混合而成的深浅不同的灰色。无彩色系的颜色只有一种基本属性即明度，不具备色相和纯度。有彩色系又称彩色系，是指不同明度和纯度的红、橙、黄、绿、青、蓝、紫等颜色，视觉能感受到的单色光特征的色彩都属于有彩色系。

2.色彩的三要素

有彩色系的色彩都具有三个基本要素，也叫三种属性，即色相、明度、彩度。

（1）色相。色相是色彩的相貌（或叫色别），是区别各类色彩的名称。一般来说，能确切地表示某种颜色色别的名称都代表着一种色相。自然界可以用肉眼辨别的颜色有许多种，但最基本的只有红色、黄色、蓝色，即色彩学中的"三原色"。三原色按一定比例可以调配出各种不同的色彩，而其他色彩则无法调配出原色。仅由两种原色调出的色彩，称为间色，如红加黄产生橙色、红加蓝产生紫色、黄加蓝产生绿色等。三种原色成分都包含的色彩称为复色，如棕色、土黄色、橄榄绿等，自然界中以复色居多。

（2）明度。明度指色彩的明暗程度，也称色的亮度、光度、深浅度。不同色相有明度区别，如光谱中黄色最亮，明度最强；紫色最暗，明度最弱。同一色相也有明度区别，如同样是绿色，深绿比浅绿明度弱；同样是红色，深红比浅红明度弱。

（3）彩度。彩度指色彩的饱和度，即纯净程度，因此也称为纯度。一种色彩越接近于某个标准色，越醒目，彩度就越高。标准色加白色，彩度降低而明度提高；标准色加黑色，彩度降低而明度也降低。过高的彩度容易使眼睛产生疲劳感，所以只有标志或点缀物才采用高彩度的色彩。

3.色调

色调即色彩的品名，色彩一般有红、橙、黄、绿、青、蓝、紫七色，又可分为暖色与冷色两类。红、橙、黄之类称为暖色，蓝、绿、紫之类称为冷色。暖色能给人带来温暖、亲切、热烈、活跃的心理效果；冷色则能给人带来宁静、遥远、轻快的心理效果。

4.色彩的协调

色彩的协调给人以舒适、愉快的感觉，反之则使人不满、烦闷与失望。色彩的协调有调和色的协调与对比色的协调两种。

（1）调和色的协调。调和色是同种色调改变明度与彩度而得来的系列色。在室内同时运用这些色彩很容易获得协调的效果。低彩度的、不同色调的色彩同时用于室内往往也能获得调和色的协调效果。

（2）对比色的协调。对比色有红色与绿色、黄色与紫色等。"万绿丛中一点红"就是生活中对比色协调的典型例子，其原因在于对比色的运用必须有一定的面积差。在客舱室内设计中，往往采用大面积的背景色彩，然后在局部采用小面积的强烈的对比色，可取得十分协调的效果。

5.色彩的对比

两种颜色并列相映的效果之间所能看出的明显不同就是对比。在客舱设计装饰时，色彩对比的运用主要有以下三个方面：

（1）色相对比。色相对比就是将未经掺和的原色以最强烈的明亮度来表示。这种色

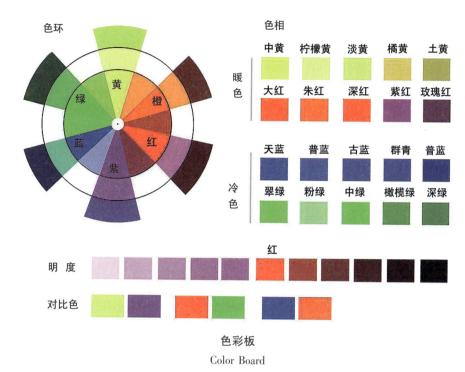

色彩板
Color Board

彩运用的特点就是表现鲜明突出,色彩能够相互作用和相互影响。在实际运用中,如果让一种色相起主要作用,少量添加其他色相作为辅助,那么就会达到非常有趣的效果,着重使用一种色彩会提高它的表现力。

(2)明暗对比。白昼与黑夜、光明与黑暗,这种对比在人类生活和自然界中具有普遍性。黑色与白色是最强烈的明暗对比,它们的效果是对立的,而在它们之间有着灰色和彩色的领域。如具有白色墙面、天棚和沙发的客舱,配上暗色的茶几、门扇与黑白相间的挂画,构成明暗对比十分强烈的爽朗、明快的环境气氛。

(3)冷、暖色的对比。色彩有冷、暖之分。很多试验证明,人们对冷、暖的主观感觉前后相差很大。人们在和谐的色彩搭配空间中,在感觉舒适度和消除疲劳等方面也有很大的区别。如人们在蓝绿色的房间里工作,15 ℃时就感觉到寒冷,而在橙红色的房间里工作,11~13 ℃时才感到寒冷。因此,朝北的房间由于缺少阳光,一般需用明亮较暖的颜色,而朝南的房间则需要较冷的颜色。

二、邮轮客舱色彩的设计与运用

邮轮客舱装饰给人的舒适感主要来源于色彩的选择。因此,在邮轮客舱设计时,应根据邮轮客舱的功能空间设计颜色,尽量给宾客创造温馨、舒适的空间。邮轮客舱内色彩的构成因素繁多,一般有家具、纺织品、墙壁、地面、天花板等。为了平衡室内错综复杂的色彩关系实现总体协调,可以从邻近色、同类色、对比色及有彩色系和无彩色系的协调配置方式上寻求其组合规律。由于邮轮客舱室内空间的有限性,调和色彩的协调方式在客舱色彩的选择上往往使用较多。

1.家具色彩

邮轮客舱房间内的家具色彩是邮轮客舱整体色彩环境中的主色调,一般常用的有两类:第一类明度、纯度较高,其中有淡黄、浅橙等偏暖色彩,还有象牙白、乳白等偏冷色彩。这些色彩明快光亮、纯洁淡雅,能使人领略到人为材料的"工艺美",这些浅色家具体现了鲜明的时代风格,越来越受人们欢迎。第二类明度、纯度较低,其中有表现贵重木材纹理色泽的柚木色(棕黄)、栗壳色(褐色)、红木色(暗红)和橡木色(土黄)等偏暖色彩,还有咸菜色(暗绿)等偏冷色彩。这些深色家具显示了华贵自然、古朴凝重、端庄大方的特点。

邮轮客舱内的家具色彩力求单一,最好选择一色或者两色,既强调本身造型的整体感,又易与客舱室内色彩环境相协调。如果在家具的同一部位上运用对比强烈的不同色彩,则可以用黑白等无彩色或金银等光洋色作为间隔装饰,使家具过渡自然、对比协调,既醒目鲜艳,又柔和优雅。

2.纺织品色彩

床罩、床裙、床巾(床旗)、沙发座椅面层、窗帘等纺织品的色彩也是客舱内色彩环境中的重要组成部分,一般采取明度、纯度较高的鲜艳色,以渲染室内浓烈、明丽、活泼的情感氛围。在与家具等的色彩搭配时,可以采用协调的色相,如淡黄的家具、米黄的墙壁,配上橙黄的床罩和台布,构成温暖、艳丽的色调;也可以采用相距较远的邻近色做对比,起到点缀装饰的作用,获得绚丽悦目的效果。纺织品的色彩选择还应考虑环境及季节等因素。对于光线充足的房间或是在夏季,宜采用蓝色系的窗帘;如在光线暗淡的房间或冬季,宜采用红色系的窗帘,写字台可铺冷色调装饰布,以减弱视觉干扰,缓解视觉疲劳。

3.墙壁、地面、天花板色彩

墙壁、地面、天花板的色彩通常充当室内的背景色和基调色,以衬托家具等物的主色调。墙壁、天花板的色彩一般采用一两个淡色,有利于表现室内色彩环境的隐显关系、主从关系及空间的协调感、深远感、体积感、浮雕感和整体感。在客舱室内配色中,一般房顶天花板的明度最强,墙面次之,地面明度最弱。浅色能使房间显得大,而深色则相反。

任务二 了解邮轮客舱照明方面的知识

一般邮轮的客舱照明会根据客舱内不同的使用功能空间所需的照度和照明质量以及所需要的室内空间气氛而设计。在尽可能节约用电的前提下,只有正确选用光源品种和灯具,确定合理的照明方式和布置方案,才能创造出良好的室内环境。

一、照明概述

1.客舱光源

光源是创造室内视觉效果的必要条件,为了进一步创造良好的客舱室内的视觉效果,展现客舱空间,增加客舱内环境的舒适感,必须对邮轮客舱的光线进行设计。

光源可分为自然光源和人工光源两大类。

(1)自然光源。自然光源是将自然光引进室内的采光方式。自然光除了给人亲切感、舒适感之外,其最大的优点是节能。室内自然采光一般有侧面光与顶面光两种方式。虽然顶部采光照度比侧面光照度高3倍,但由于客舱的建筑格局多采用侧面光,客舱门窗就是侧面光的主要通道。因此,在客舱自然采光的设计中,一般都科学、有效地对客舱的门窗进行设计。

(2)人工光源。人工光源即人工照明,包括各种电源灯。现代照明光源几乎都是以电能作为能源的。用于照明的电光源,按发光的原理可分为白炽灯和荧光灯两大类。白炽灯是通过灯内的钨丝升温而发光的,由于钨丝的长短、粗细不一而产生不同的光,其光色偏于红、黄,属于暖色。荧光灯是靠低压汞蒸气放电而产生紫外线,紫外线再刺激管壁的荧光物质而发光的。荧光灯的光色分为自然光色、白色和温白色三种。自然光色是直射阳光和蓝色天空光的混合,其色偏蓝,给人以寒冷的感觉;白色的光色接近直射阳光;温白色的光色接近白炽灯。

2.照明方式

照明方式是对照明灯具或光源进行布置的方式。不同的照明方式营造不同的照明效果,不同程度地改善视觉功能。

(1)按灯具的散光方式,照明可分为直接照明、间接照明、散射照明和混合照明等多种方式。

(2)按灯具的布置方式,照明可分为一般照明、分区一般照明、混合照明和局部照明等多种方式。

二、客舱照明设计的基本原则

客舱照明设计应遵循以下原则:

1.安全性原则

安全性主要是指照明设施的安全,即维护和检修方便,运行安全可靠,并能有效地防止火灾和电器事故的发生。

2.适用性原则

适用性主要是满足客舱不同功能空间的使用要求,具体表现在照明的舒适感和艺术效果两个方面。

3.经济性原则

经济性是指确定光源、照明灯具、照明设备时,应根据实际要求,以最小的投入获得最好的照明效果，同时在设计中应采用相应的措施来提高照明的节能水平。

4.先进性原则

先进性是指选择的光源在额定电压和额定电流中工作具有最好的效果。即在额定的电流下，所消耗的电量较少，光量高、光色较好，使用的寿命较长等。

5.艺术性原则

照明设计除了关注技术、适用、经济、安全等因素外，还应注重邮轮客舱空间的装饰及环境美化的作用。通过照明设计丰富空间层次，充分展示被照物的形式美、材质美，充分利用光色与空间色彩的搭配烘托客舱氛围、美化空间环境，充分利用光影的变化创造特有的室内意境，以增强客舱环境的艺术感染力。

三、客舱照明设计要点

照明设计包括：确定照明方式、照明种类，正确选择照度值；选择光源、灯具类型，并进行合理的布置；计算照度值，确定光源的安装功率；选择或设计灯光控制器等。具体讲，重点有以下几个方面：

1.照明方式、照明种类的选择

邮轮客舱内照明一般有整体照明、局部照明和混合照明 3 种方式。整体照明是指对整个室内空间进行照明的一种方式，又称主体照明或一般照明。在选择主体照明时应注意，一间 15 m² 的房间只需一只 60 W 的白炽灯或 40 W 的日光灯即可。面积不超过 20 m² 的客舱，不宜采用较大的灯具。主体照明灯具一般选用吊灯或吸顶灯等。

邮轮客舱内不同部位照明的要求也不同。局部照明是客舱常用的照明方式，即局限于某个部位的固定的或移动的照明，它只照亮一个有限的工作区域。邮轮客舱卧室一般在床头、写字台、衣柜、座椅、过道、化妆镜和穿衣镜等处设有局部照明的灯具。

混合照明是将整体照明与局部照明相结合的照明方式。现代客舱对这两种照明方式的结合要求越来越高，也是普遍采用的形式。宾客希望在主体照明的前提下，把客舱房间室内照亮的同时，又能根据客舱空间使用的不同要求，利用台灯、壁灯、落地灯、筒灯等进行局部照明，同时利用射灯等对花、画、工艺品进行重点照明，使客舱室内明暗层次丰富，产生多重空间效果。这样的灯饰布置，既满足了使用要求，又能渲染出一种宁静、高雅、神秘、含蓄的气氛。

2.灯具的选择与布置

灯具的选择，一要与客舱空间环境的体量、形状协调，要考虑客舱空间的用途；二要注意灯具的利用效率、节能效果；三要与邮轮的整体风格、特色协调，与客舱室内装修风格相匹配；四要注意安全可靠，方便日常清洁保养与维修；五要有助于提高邮轮客舱设计的艺术感染力。

灯具的布置就是确定灯具在邮轮客舱内的空间位置，它对照明质量有着重要的影响。光投方向、照度及其均匀性、眩光、阴影等都直接与灯具的布置有关。灯具布置时也要注意灯具的间距、悬挂高度与墙的距离，还要注意其与顶棚的距离。

3.照度的确定

照度是指物体单位面积上所获得光通量的多少，单位是勒克斯（lx）。客舱照度包括房间照度和卫生间照度两方面。按照国际照明学会标准,客舱照度一般为 100 lx,近年来推荐客舱的照度标准为 50~100 lx。客舱的照度可低些,以体现静谧的特点。而卫生间的照度要求则越来越高。某些区域的局部照明应该提供足够的照度,比如:邮轮客舱内梳妆镜前的照明、床头阅读照明等可取 300 lx 的照度值;最被忽略的写字台书写照明的照度则要求 200 lx。目前还有的邮轮客舱内提供书写台灯(通常是用装饰性台灯代替)给宾客。

4.光色、色温设计

光色是指人眼观看光源所发出的光的颜色,通常指灯光的颜色。光色取决于光源的色温,不同的光源色温具有不同的环境气氛。低照度水平的白炽灯色温低,具有温馨、宁静、亲切的气氛;高照度的荧光灯色温高,具有活跃、振奋的感觉。人们对光色感觉的舒适度还与照度水平有关,一般低色温、高照度有闷热感,而高色温、低照度又有阴晦的气氛。因此,适宜的光色应根据客舱空间的不同功能、所需创造的环境气氛进行选择,如客舱房间内色温一般要求在 300 开尔文(K)左右,在卧室用 3 500 开尔文(K)以下的光源,在卫生间用 3 500 开尔文(K)以上的光源,而在卧室需要暖色调,在卫生间需要高色温。

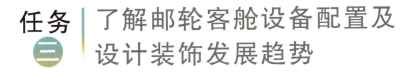

任务三　了解邮轮客舱设备配置及设计装饰发展趋势

一、邮轮客舱设备配置的发展趋势

邮轮客舱作为邮轮出售的最重要的有形商品之一,设施设备是构成其使用价值的重要组成部分。科学技术的发展及宾客要求的日益提高促使邮轮客舱设备配置出现了一些新的变化趋势,这些变化趋势主要体现在人本化、家居化、智能化和安全性等几个方面:

1.人本化

现代化的邮轮在客舱设备配置上应体现"以人为本"的原则。"以人为本"就是要从宾客角度出发,使宾客在使用客舱时更加方便,感受更加舒适。比如传统的床头控制板正在面临淘汰,取而代之的是"一钮控制"的方式,宾客晚上睡觉时只需按一个按钮就可将室内所有需要关掉的电器、电灯关掉。其次,宾客还可按自己的爱好与习惯来提前选择邮轮不同设计风格的客舱房间。

2.家居化

邮轮客舱家居化趋势首先体现在客舱、卫生间空间加大上。其次是通过客用物品的材料、色调等来增强家居感,比如多用棉织品、手工织品和天然纤维编织品,房内普遍放置电烫斗、烫衣板。越来越多的邮轮在卫生间单独设立淋浴房,采用玻璃或有机玻璃箱体将浴缸和淋浴房分开,使用电脑控制水温的带冲洗功能的恭桶。另外,一些豪华度假型邮轮更是注重营造家庭环境氛围,使邮轮客舱能适应家庭度假、几代人度假、单身度假的不同需要等。

3.智能化

可以说智能化趋势的出现将人本化的理念体现得淋漓尽致。因为,在智能化的邮轮客舱中,宾客可以体验如下美妙感受,如邮轮客舱内为宾客提供网上冲浪等服务,宾客所需的一切服务只要在客舱的电视或电脑中按键选择即可,宾客可以坐在屏幕前与商务伙伴或家人进行可视的面对面交谈,宾客可以将窗户按自己的意愿转变为辽阔的大海和美丽的沙滩,还可在虚拟的客舱娱乐中心参加高尔夫球赛等自己喜爱的娱乐活动,客舱房间内的光线、声音和温度都可根据宾客的个人喜好自动调节。

4.安全性

邮轮客舱安全的重要性是不言而喻的,但需要更加完善的安全设施加以保障。比如客舱楼道中的微型监控系统的应用,客舱房门上的磁卡门锁系统将以宾客的指纹或视网膜鉴定宾客的身份;邮轮客舱中安装红外感应装置,使客舱服务员不用敲门,在工作间通过感应装置即可知宾客是否在房间。该设备不会显示宾客在房间中的行为,隐私性良好。另外,在床头柜和卫生间中安装了紧急呼叫按钮,以便在紧急情况下客舱服务员与安保人员能及时赶到。这些安全设施大大增强了客舱的安全性,同时不会过多打扰邮轮宾客在船上的生活,使宾客拥有更多的自由空间而又不必担心安全问题。

二、客舱设计装饰的发展趋势

新建或改建的邮轮都会将如何提升客舱房间档次作为设计理念的重中之重。随着高科技的兴起,邮轮客舱的设计装饰的发展趋势将会表现在以下几个方面:

1.扩大景观视野

邮轮客舱内的窗台下移,以增加视野及采光面,有的采用落地窗,外观上体现了现代邮轮建筑的风格。

2.采用新型灯源

邮轮客舱房内灯光向顶灯、槽灯方向发展,容易损坏的床头摇臂灯、占地空间较大的落地灯越来越少被采用。邮轮客舱房间内越来越多采用节能光源,同时也有将壁橱灯移出、利用走道灯做衣柜照明的改变。

3.方便宾客

邮轮客舱设计装饰越来越重视宾客的方便性。随着宾客使用电器的增多、便携式电脑上网的普及,宾客使用电脑、电话、电源配套插座的概率越来越大。为了方便宾客的使用,邮轮在制造或改建过程中,往往将客舱房间内的电源插座、电话插座等抬高,并从原先安装在写字台下移到写字台上,同时增加插座的数量。

落地窗（采光充足）
Windows（Adequate Lighting）

卫生间（宽阔、舒适）
Bathroom（Spacious，Comfortable）

4.卫生间扩大，功能增加

邮轮客舱内的卫生间以前只是洗漱及方便的地方，现在一些邮轮在设计时，会将淋浴房一侧的墙设计成透明玻璃，使宾客能观看卧室内的电视和增加房间内有效的采光，这些设计充分体现了现代人的享受主义观念。

5.采用绿色环保卫生洁具

邮轮客舱内卫生间的抽水马桶一般都使用了节水静音型产品，有的抽水马桶可根据需要分大、小水量冲洗，体现了当前环保节能的潮流，有的邮轮还增设了抽水马桶冲洗器，满足了宾客的卫生和享受需求。原有的卫生间木门也悄悄地发生了变化，门下部的透气百叶栅格也被下部离地2 cm的缝隙代替了，既降低了装修成本，又有利于清洁工作，同时也有利于增加邮轮客舱内卫生间的私密性。

总之，随着科技进步和新材料、新技术的不断涌现，邮轮客舱将会向更舒适、更节能环保、更人性化的设计方向发展。

思考与训练

Practice and Drills

 思考问答
Review Questions

1.简述邮轮客舱部对邮轮经营的重要意义。
2.简述邮轮客舱部的业务范围。
3.简述邮轮客舱部组织机构在设置时应考虑的问题。
4.简述邮轮客舱部员工应具备的基本素质。
5.简述按房间位置划分的邮轮客舱类型。
6.简述邮轮客舱设计的原则。
7.描述标准间客舱物品的配置情况。
8.试述卫生间设计的发展趋势。
9.简述照明设计的原则。
10.试述邮轮客舱设备配置发展的趋势。

 单项选择
Individual Choice

（复习本模块课程内容。请将正确答案的选项填写在横线上。）

1._____是带动邮轮整体经济活动的重要枢纽。
　A.餐饮　　　　　　B.娱乐　　　　　　C.客舱　　　　　　D.休闲活动
2._____是确保邮轮客舱部正常、高效、顺利地开展工作的前提。
　A.增加员工的配置　　　　　　　　B.科学地建立组织机构
　C.缩减员工的编制　　　　　　　　D.层级管理
3.作为一名合格、高素质的邮轮客舱部员工,最重要的前提是_____。
　A.高雅　　　　　　B.风度　　　　　　C.诚实　　　　　　D.亲和力
4.邮轮客舱部_____,主要负责客舱服务员与宾客之间的联络协调事宜。
　A.楼层工作间　　　B.客舱服务中心　　C.客舱楼层　　　　D.公共区域
5.国际邮轮公司在对客舱房间内床的设计中,单人床的宽度一般为_____。
　A.100 cm　　　　　B.120 cm　　　　　C.150 cm　　　　　D.180 cm
6.为了确保客舱内宾客的财产安全和生命安全,预防邮轮客舱火灾和其他安全事件的
　发生,客舱区域必须配置各种安全设备,如:客舱房门窥镜、门上防盗扣（安全链）、
　烟雾感应器、自动喷淋器、_____等设备。
　A.传感器　　　　　B.声控仪　　　　　C.温控仪　　　　　D.保险箱

7.按客舱房间方位朝向划分,可以从客舱房间内的窗户看到邮轮中间开放或露天的美丽景观的客舱房间为_____。

　　A.内舱房　　　　B.内景房　　　　C.海景房　　　　D.套房

8.随着高科技的兴起,邮轮客舱的设计与装饰的发展趋势不会表现出的是_____。

　　A. 扩大景观视野　　　　　　B. 采用新型灯源

　　C. 采用绿色环保洁具　　　　D. 使用复合板材家具

实训练习
Training Exercises

项目名称:邮轮客舱部标准操作流程。

练习目的:使学生详细了解客舱部的业务范围、组织结构、员工职责及素质要求等。

实训内容:通过学习、阅读和分析一家邮轮公司的客舱部 SOP 文件,充分掌握实际邮轮客舱工作中的各项标准和要求的内容。

测试考核:在学习完客舱部 SOP 后,写一篇 300 字左右的学习心得。

项目名称:邮轮客舱房间设计。

练习目的:使学生设计出一个新颖、舒适、合理的客舱,吸收和掌握客舱设计的理念,使宾客享受入住的温馨感。

实训内容:通过学习邮轮客舱设计思维知识,结合网络查找,设计几种特殊类型的客舱。

测试考核:设计出来的邮轮客舱图纸的合理性。

知识拓展
Knowledge Development

邮轮客舱服务员岗位描述

- **Job Title**：Cabin Steward / Cabin Stewardess.
- **Department**：Housekeeping.
- **Line Manager**：Assistant Housekeeping Manager.
- **Institutional Aim**：Their primary responsibility is the care of guests and passengers' cabins.
- **Education**：Diploma from Hotel or Tourism Secondary School.
- **Professional Experience**：Room Steward/Stewardess in at least 4 stars hotel for 12 months or Cabin Steward/Stewardess in a cruise ship Company for at least one contract.
- **Personal Attributes**：Preferable between 20 and 35 years old. Pleasant appearance, adequate grooming, healthy.
- **Technical Skills**：Fluent in English, team-player and be able to work under supervision.

- **Main Role Responsibilities**:
  - Cleaning and maintaining passenger's cabins to required standards.
  - Providing professional, courteous and friendly service to guests in all areas.
  - Changing toweling in the morning and evening, or more often, following company procedure.
  - Changing bed sheets twice a week according to instructions and housekeeping manual.
  - Making up beds for day use and turning down beds at night.
  - Ensuring adequate supply of all consumable items such as soap, tissues, toilet paper...
  - Distributing and displaying all company literature and notices as per company set standards.
  - Upon embarkation, helping familiarize guests with the cabin's facilities such as air conditioning, location of life jackets, muster station, emergency information, radio, TV, light switches...
  - Greeting and assisting guests at embarkation and disembarkation, performing a second greeting within the 48 hours from guest's embarkation.
  - Helping guests to unpack luggage upon request.
  - Assisting guests in disembarkation (e.g. Distributes luggage tags and custom declarations, makes certain that passengers have their luggage, and if, asked, assists passengers in packing).
  - Providing beverage service upon request and/or refers to room service pantry. Providing ice, as per company's instructions. Providing cabin service, if requested.
  - Taking and returning laundry as per guest's request. Checking that name of passengers and cabin number is printed on the laundry bag and that the laundry slip is properly compiled.
  - Giving special care to passengers who are ill by making them more comfortable and helping if they ask for a lunch or dinner in the cabin.
  - Delivering flowers and gifts if requested by housekeeping manager, prior to embarkation.
  - Assisting in maintaining the cleanliness and vacuuming of passenger hallways in assigned section.
  - Maintaining the locker, trolley, and pantries to USPH standards at all times. Ensuring that all supply carts, trolleys, etc. are cleaned, removed from hallways and properly stored away after use.
  - Reporting any maintenance problem and ensures any items not in proper working order are reported immediately.
  - Keeping locker and storage areas neat, stocked according to par and orderly.
  - Removing waste items at central location. Respecting garbage separationand environmental instructions.
  - Reporting to the housekeeping manager all discrepancy with the manifest, names, cabin numbers, nationalities... as soon as possible, after meeting guests.

- Ensuring that for safety reasons, matches and ashtrays are no longer placed in Cabins, but are provided by the Cabin Steward/Stewardess on a request basis.

- Ensuring that vacuum cleaners are not used in cabins or hallways before 9:00. Maintaining clean and properly working the vacuum machine.

- Providing an empty cabin report after sailing on embarkation day and then thereafterwhenever requested by the housekeeping manager.

- Ensuring that for safety reasons, no one is let into the cabins, other than the occupant of the cabin or authorized personnel. Ensuring that information pertaining to the status of the cabins (empty, o/o/o, etc.) is disclosed neither to passengers nor to personnel.

- Assisting in room service operations when scheduled and necessary, following instructions.

- Refilling minibars and/or replace snacks/water. Supervisor with correct account of consumption on specific items. Ensuring cleanliness & maintenance of minibars according to USPH principles.

- Cleaning rags, carpets and upholstered furniture using vacuum cleaner, broom and shampoo machine. Cleaning the closets of bathroom cabinets.

【02】

豪华邮轮设计理念五大趋势

中国船舶工业经济与市场研究中心科技与配套部部长　翁雨波

经过一个多世纪的发展，邮轮已经由传统意义上的交通工具逐步演变为海上休闲娱乐的重要载体，并在近年发展迅速。随着船舶功能定位的改变，豪华邮轮设计理念也随之改变，从传统的注重航行运输到更加注重乘客体验，朝着吨位大型化、功能多样化、设计安全化、风格个性化以及运营绿色化等方向不断发展。

邮轮自从诞生之日起，就不断地向大型化方向发展。邮轮发展之初，主要用于欧美之间跨洋航行，由于大西洋变幻莫测的天气环境给海上航行带来了诸多威胁，人们普遍认为邮轮吨位越大，稳性就会越好，相对也就越安全。同时由于游客大多是欧美之间的移民或者差旅人员，对住宿条件没有太多苛刻的要求。因此，船东积极建造大船，邮轮吨位不断增加，以增加载客量、安全性和经济性。

如1843年完工的"大不列颠号"，是当时世界上最大、最豪华、最安全的船只，但吨位仅为3 000吨级。1912年完工的"泰坦尼克号"吨位已经达到4.6万吨，吨位已经大幅提升。

此后，随着造船技术的迅速发展，船舶大型化发展趋势加快，加之欧美地区邮轮休闲旅游业的迅速发展，各主要邮轮船东相互竞争，不断推出新的更大吨位船舶。1996年，嘉年华"命运号"以10万吨位称霸当时的邮轮业。2004年，嘉年华旗下冠达邮轮建造的"玛丽女王Ⅱ号"吨位达到14.8万吨。而另一邮轮行业龙头公司皇家加勒比也不甘示弱，2006年投入15.4万吨的"海洋自由号"，而后又成功打造一系列22万吨超级邮轮，引领全球邮轮大型化发展。

一、功能多样化

邮轮作为一个迥异于其他出行方式的交通工具，因其漫长的航行周期，枯燥的航行条件，注定必须要通过增加更多娱乐设施来吸引乘客。在邮轮发展的萌芽阶段，主要任务大多是政府邮件和大西洋两岸的移民的运输，乘客大都追求低廉的票价，对客舱、餐厅、公共场所等设施要求较低。但随着邮轮的不断发展，行业竞争力加剧，乘客也逐渐向中产阶级转化，对于住宿生活条件的需求渐渐提高，特别是20世纪50年代以后，邮轮的交通运输地位受到了航空业的极大挑战，各大轮船公司不得不另辟蹊径，大幅增加休闲娱乐比重，将其打造成现代化的休闲娱乐新中心，并成功焕发新的生命，逐步形成现在的三大公司垄断的稳定格局。

早期的"大不列颠号"，拥有115个客舱，并布置了沙发、装饰灯和木质敷板等，虽然因为货舱的存在导致客舱面积不大，但是精心的设计已足够让人舒心。1889年的"巴黎号""纽约号"解放了上层建筑，给予船舶设计者更多的空间去布置环境，同时"巴黎号"也因优美的外观设计闻名当时。1920年1月2日，美国的一纸禁酒令对邮轮的设计建造产生了深远影响，因其对于公海没有限制，各大轮船公司抓住机遇，争相在航行于公海的邮轮上推出各类酒水服务，这一举措极大地刺激了航海旅游文化业务的发展，也促进了邮轮行业的舒适化、功能化转型，而后的近百年，酒吧一直作为邮轮的特色服务产业，不断完善。

　　1936 年建成的"玛丽女王号"是同一时期豪华邮轮的代表作,邮轮拥有一流的客房、餐厅、酒吧、商场、电影院、游泳池,甚至还有一个举行婚礼的礼堂,是名副其实的一座海上浮宫,多式多样的功能性建筑给后续的大型邮轮布置提供了重要的典范。

　　20 世纪 50 年代后,邮轮的设计发展理念产生了极大的变迁,舒适性和功能性逐渐成了关注的焦点,客房布置呈现分级化,且公共设施呈现更大众化的分布,并逐渐形成个性化的竞争力。如 1969 年运营的"伊丽莎白女王Ⅱ号"邮轮拥有 950 间套房,最豪华的套房面积达到 700 平方米,最小的客舱也有 18 平方米,船上建有 10 个风味不同的餐厅、14 个酒吧,还有室内外游泳池、健身房、电影院和美容院等。而"海洋绿洲号",其客房有 37 个级别可供选择,9 种客房属于全新款式,其中分上下两层楼的复式结构的 Loft Suite 套房尤为瞩目。为迎合有孩子且有活力的年轻夫妇的需求,邮轮还提供包括 21 个游泳池、1 个水上公园、1 个旋转木马和 1 个科学实验室的娱乐世界。邮轮功能日益完善,逐步成为一个名副其实的"海上移动城市"。

二、设计安全化

　　邮轮是现代交通方式中安全系数较高的一种交通工具,严格的行业标准、高科技安全设施、不能缺席的安全演习等等,使得现代邮轮安全保障是全方位的。但邮轮的历史不乏意外事件,"太平轮事件""泰坦尼克号事件"等敲起的安全警钟,时刻警醒着新一代的邮轮设计者和运营商,不断促进着邮轮的安全化进程。

　　"玛丽女王号"曾遇到一次波长约 300 m、波高约 30 m 的大浪。由于船底部是笨重的锅炉和机器,所以横摇十分厉害,最严重时横摇角达 44°,虽然这样的横摇摆不至于危及船舶安全,但对船本身的损害相当严重。后来,航运公司将船进行了技术改造以确保航行安全。

　　1912 年"泰坦尼克号"在她的处女航中,与一座冰山相撞,船体断裂成两截后沉入大西洋底。"泰坦尼克号"的灾难推动了国际社会对海上安全标准的思考。1914 年,首个《海上人命安全公约》(《SOLAS 公约》)通过,后来又经过多次修正和补充,包括救生设备、应急设备、船体构造、救生演习等,力求从源头上杜绝类似事件发生。目前,该公约已扩展到邮轮安全的方方面面,成为行业的基本要求。例如,大雾天气对邮轮的航行威胁最大,特别是第二次世界大战以前,船上因为未安装雷达设备,时常发生碰撞事故。在邮轮安装了雷达等一些新型导航设备后,碰撞事故明显减少了,安全性大大提高。如今的邮轮安全性仍在不断提高,失事的可能性要远远低于飞机、汽车等其他交通工具。

不同时期典型邮轮数据

船名	完工年份	吨位	船长	船宽	载客量
"大不列颠号"	1843	3 678	64.8	10.8	360
"大东方号"	1859	18 915	210	25	4 000
"泰坦尼克号"	1912	46 328	269	28.2	2 435
"玛丽女王号"	1936	81 237	310.4	36	2 139
"命运号"	1996	102 853	272	35.5	2 642
"玛丽女王Ⅱ号"	2003	148 628	345	41	2 620
"海洋绿洲号"	2009	225 280	361.8	63.4	5 400

三、风格个性化

邮轮发展的早期阶段,主要追求更大的运输能力和更安全的航行过程。20 世纪初期,邮轮呈现出功能设施多样化的发展,但以满足基本功能需求为主。20 世纪 60 年代之后,航空业的异军突起对邮轮产业造成了巨大的冲击,邮轮公司不得不进行产品结构和设计理念的调整。经过了 50 年的发展之后,邮轮市场迎来了新的繁荣,各大邮轮公司展开了新一轮的竞赛,在功能性趋于稳定的基础上,邮轮的个性化风格成为新世纪主要的竞争力。

"辉煌号"邮轮是乐高官方合作的亲子邮轮,以贴心周到的家庭服务和奢华梦幻的欧洲风情为人称道。"辉煌号"拥有超过 200 m^2 的乐高海上乐园和规模庞大的海上大剧院,既能让孩子玩得尽兴,也能全家一起欣赏拉斯维加斯式的精彩表演。另外,施华洛世奇水晶楼梯也能带给游客一个冰雪奇缘般的梦幻感受。此类风格的豪华邮轮还有联合法拉利呈献的拥有首个海上卡丁车赛道的"喜悦号"、拥有水上滑梯乐园的"世界梦号"和拥有尤文图斯海上足球训练营的"幸运号",游客都能体验到不同的精彩。

而"海洋量子号"主打特色就是科技,大量海上首次体验的娱乐项目被引入其中:"北极星"以 360°摇臂支撑在距海平面近 100 m 的高空,让游客将巨大船体和广阔海景尽收眼底;"RipCordbyiFly"跳伞体验,可让游客在安全、可控和模拟的环境下享受垂直降落的刺激和跳伞的快感;"Two70°"以其壮丽的 270°全视野海景让人流连忘返。

四、运营绿色化

随着动力技术的不断进步,豪华邮轮动力设备从燃煤为主要能源,逐步发展到以柴油和 LNG 为主,能源消耗量大大降低,且配置了大量新能源设施,节能环保水平得到了逐步的提升。此外,近些年来国际海事组织(IMO)相继推出了用于控制 CO_2 排放的船舶能效设计指数(EEDI),以及控制柴油机硫氧化物和氮氧化物(SO_x、NO_x)排放的法规。这些规则将极大地影响豪华邮轮的设计工作,使得邮轮朝着绿色化方向发展。

早期邮轮主要以煤炭为主要能源,如"泰坦尼克号",其采用 29 台锅炉提供 5.9 万马力动力。"伊丽莎白女王Ⅱ号"在 1986 年至 1987 年的船舶改装期间,拆除蒸汽轮机,更新推动系统,新配置比以前的系统节省了 35%的燃料。而目前的新建邮轮,约有一半以上订单开始采用更加清洁的 LNG 作为动力,大幅降低了污染物的排放。此外,部分新能源设备也逐步应用在邮轮上,如"海洋绿洲号"额外的电力来自 BAM 能源集团安装的太阳能电池板,为长廊和中央公园区域的照明提供能源,进一步节约了燃油消耗。

展望未来,邮轮设计理念将不断演变,船上设备将更加智能化,娱乐设施将更加丰富多元化,各船东的相互竞争将为游客提供高水准的服务。而诸如海上养老院、度假村等概念或许会得到一系列的发展。也许不久的将来,邮轮将不仅仅作为一个交通工具存在,生活、办公、避暑、养老、度假型邮轮将逐步成为新的特色。

乐高官方合作的亲子邮轮"辉煌号"

（本文引自翁雨波发表在《中国船检》2019.04 上的文章，有改动）

模块二

邮轮客舱清洁技能

Module Two
Cabin Room Cleaning Skills

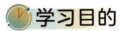 学习目的
Learning Objectives

1.了解客舱房间清洁前的准备工作；
2.了解客舱房态、清扫顺序和清洁工具；
3.熟悉客舱清洁的注意事项及不同房态房间的清洁流程；
4.了解清洁中常见问题的处理方法；
5.了解客舱卫生检查内容及标准；
6.熟悉客舱计划性卫生的种类、注意事项；
7.了解清洁药液的使用和管理。

 知识与技能掌握
Knowledge & Skills Required

1.熟悉客舱服务员着装标准和仪表要求；
2.掌握工作车的布置；
3.掌握客舱清洁整理的基本方法、程序和标准；
4.熟悉客舱开夜床服务的程序和标准；
5.掌握客舱中式铺床技能和毛巾花的折叠方法；
6.熟悉客舱消毒和防治虫害工作流程；
7.熟悉客舱计划性卫生的制定、项目、循环周期、种类以及注意事项等；
8.熟悉邮轮公共区域清洁保养程序。

房间清洁前的准备工作
Preparations Before Room Cleaning

项目一
Task One

本项目数字化资源

邮轮客舱清洁是邮轮客舱部每天都要进行的一项工作。邮轮客舱的清洁程度不仅是宾客最为关心的问题之一,也是影响宾客是否选择邮轮出游的标准之一。因此,邮轮客舱服务员应严格按照相关的要求和标准,认真、细致地做好邮轮客舱的清洁工作。

下文将介绍邮轮客舱清洁前的准备工作。首先,邮轮客舱服务员必须要在每日上岗前先自行检查仪容仪表;其次,签领邮轮客舱钥匙(楼层通卡)并接受工作指令;再次,了解客舱房内的状态,确定客舱房内清扫的顺序;最后,将清洁器具和用品准备完善,开始进行工作。

任务一 | 熟悉邮轮客舱服务员的着装标准和仪表要求

邮轮客舱服务员与其他区域的服务员一样,从员工区域进入邮轮客舱对客区域之前要关注着装、仪表。首先,将私人物品存放在自己宿舍的更衣柜内,并按规定穿着好工装;佩戴好工牌,个人仪表也要干净、整洁。若女性留有长发,要按照邮轮规定的方式将头发绑扎起来;鞋子要干净,脚趾不要露出,工装整体要合身,以便于工作。

到达邮轮客舱部门后,当班的客舱部经理或主管也要对服务员的仪容仪表再次进行检查。目前,在很多邮轮公司的客舱部流行的做法是由一名当班的客舱部经理或主管在上、下班时间对客舱服务员进行打招呼或问候,在问候的同时,实际上也是对其进行检查,这种方式更容易被员工接受。如果客舱服务员的仪容仪表不符合要求,是不可以进入客舱对客服务的工作岗位中的。

邮轮客舱服务员标准着装

Dress Code for Cabin Attendant

想一想
Think It

　　邮轮客舱部门每天都会在上岗前对部门内员工的着装、仪容仪表进行检查，你觉得这样做有必要吗？为什么？

 # 任务 了解邮轮客舱房间清洁前的准备工作

　　邮轮客舱服务员在客舱房间清洁之前有许多工作要做，只有把这些工作做好，才能更加顺利地将邮轮客舱的清理工作做到位。

一、签到

　　邮轮客舱部的工作地点广泛分布在邮轮的各个区域，经理要了解当日的员工出勤状况或安排一些临时性的工作，就必须在办公室内设置签到表。客舱服务员须在上班前进行签到。

二、了解工作指示

　　邮轮客舱部的工作范围广泛，人员会分散在邮轮的各个角落，而且在邮轮内的工作是全天候24 h 的（采用轮班制），可能会有一些新的指示与通知不易传达，所以在办公室及工作地点一般都设有公布栏。另外，客舱部的主管也会在适当时机召集员工开会，讨论员工在邮轮客舱工作中遇到的一些问题，并传达上级的指示，安排工作事项，布置工作重点。所以，邮轮客舱服务员每天都必须事先了解工作指示。

三、钥匙控制

邮轮客舱楼层通卡应妥善保管，并于交接班时做好清点工作。一旦客舱房内钥匙（房卡）不慎遗失，往往会给邮轮和宾客造成不可估量的损失，也会有损邮轮宾客的权益。所以，邮轮客舱服务员在对钥匙（房卡）的日常管理过程中，须注意以下几点：

（1）不经常使用的钥匙，必须存放在钥匙架上的固定位置。

（2）每天使用的客舱房内钥匙（房卡），必须要求使用人在使用前进行签领，以示权责分明。

（3）钥匙箱平时必须上锁，以保证安全。

（4）不得将客舱房内钥匙（房卡）带出邮轮。如在工作结束后需离开邮轮时，必须先将钥匙交回，然后方可下船。

（5）钥匙（房卡）一经领取就不得离开客舱服务员身上。如有人借用，可以帮助其开启，但不可将客舱房内钥匙（房卡）交给他人私自使用。

（6）所有的钥匙在用完后必须交回到邮轮客舱部办公室，同时清点数量，如有不符或损坏，应立即向当班的经理或主管报告。

（7）邮轮客舱服务员发现楼层的钥匙遗失，应立即联络当班的经理或主管，先对邮轮客舱房门锁进行锁房处理或密码修改处理，然后组织相关的人员进行寻找，直到找回钥匙为止。

（8）如若最终没有找到钥匙，应及时将与其相关的邮轮客舱门锁密码全部换掉（专指电子门锁），从而保障邮轮住宿宾客的安全。

任务三　掌握工作车的布置

邮轮客舱楼层工作车通常应于当天工作完毕后进行清洁和整理。服务人员应做好备车工作，以便次日早上上班时直接迅速地开始工作。

一、工作车上布草用品的摆放要求

（1）工作车左侧的回收袋位置供工作人员将宾客使用过的床单、毛巾放入其中，集中送洗；

（2）工作车左侧的垃圾袋用于盛装每个房间清洁出来的垃圾，所有垃圾必须分类处理；

（3）工作车内外要擦拭干净；

（4）撤走用过的垃圾袋，补充新垃圾袋；

（5）将折叠好的干净床单、毛巾整齐地放在工作车内（一般车内上面放毛巾，下面放床单）；

（6）将工作车推到工作间的指定位置。

二、工作车上其他物品的摆放要求

（1）工作车右侧一般有个带锁的双开门，内部放置房间内符合环保类的消耗品，如面巾纸、卫生纸、便笺纸等；

（2）有的邮轮公司也会备有小香皂、洗发液、沐浴液、简易牙具、卫生袋、杯垫等消耗品，方便游客使用。

请大家议一议:邮轮客舱部每日的工作可以不按照上述程序进行吗?

任务四 了解邮轮客舱房态

邮轮客舱服务员每天对邮轮客舱房间进行清洁前，必须认真了解和熟记每间客舱的状态。只有准确地了解了房态，才能准确、有序地进行客舱房间的清洁工作。

常见的客舱房态

通常邮轮公司都会选择使用与酒店相同的运营软件 Opera 系统，也有的邮轮公司会根据自己公司的特点，开发自有的邮轮运营管理软件系统。参照 Opera 系统，邮轮客舱部经常使用的房态有以下几种：

（1）客舱住客（Occupied，简写为 OCC 或 OC）。其表示正在租用、住宿中的邮轮客舱。

（2）请勿打扰（Do Not Disturb，简写为 DND）。其表示该邮轮客舱房内宾客不愿被服务员或其他人员打扰。

（3）请即打扫（Make Up Room，简写为 MUR）。其表示该邮轮客舱的住客由于会客或其他原因，需要客舱服务员"立即"清扫。

（4）贵宾房（Very Important Person，简写为 VIP）。其表示该邮轮客舱的住客是邮轮的重要宾客，在邮轮的接待服务过程中应优先于其他宾客，给予特别关照。

（5）走客房（Check out，简写为 C/O）。其表示宾客已经办理完离船手续的客舱房。

（6）已清扫客舱（Vacant Clean，简写为 VC）。其表示该邮轮客舱已清扫完毕，可以重新出租。也有的邮轮称之为"OK 房"。

（7）未清扫客舱（Vacant Dirty，简写为 VD）。其表示该房宾客已结账退房，但客舱房内的卫生还未经客舱服务员进行清扫。

（8）空房（Vacant，简写为 V）。空房即指该客舱房内暂时无人使用，现处于干净、待租状态的客舱房。也有的邮轮称之为"IP 房"。

（9）邮轮自用房（House Use，简写为 HU）。邮轮自用房即邮轮内部人员供自己使用的邮轮客舱。在一般情况下，此客舱房内只会安排给邮轮高级职员以上人员使用。

（10）维修房（Out of Order，简写为 OOO）。维修房亦称待修房，表示该邮轮客舱因设施设备发生故障，暂时不能出租。

任务五｜确定清扫顺序

邮轮客舱房内的清洁工作虽有常规性的先后顺序,但在一般情况下,还是由当班的经理或主管来决定。

一、邮轮靠港日

此日,根据邮轮航次人员的情况,会有大批量的退房(脏房)需要客舱服务员进行清洁。

当宾客退房时,邮轮客舱服务员需及时打开房门,马上进入房间,清扫房内的垃圾,撤走宾客使用过的床上和卫生间的所有脏布草。然后,按照清洁程序及时进行房间全方位的清洁工作。

当邮轮客舱服务员发现邮轮客舱状态有异常时,要立刻向当班的客舱部主管报告,由主管及时与邮轮客舱中心文员或邮轮前台接待(宾客服务中心)人员进行联系,确认好房态,保证房态正常。

二、海上航行日

通常在一般情况下,邮轮客舱服务员会根据邮轮宾客的具体情况,按以下顺序进行清扫:

(1)邮轮前台指示要尽快清扫的房间。

(2)门上挂有"请即打扫"牌的房间。

(3)客舱住客房间。

以上邮轮客舱清扫顺序还应根据邮轮公司的统一安排或邮轮宾客的活动规律加以调整。

总之,邮轮客舱的清洁工作应以不打扰宾客或尽量少打扰宾客为原则。因此,邮轮客舱服务员在进行客舱房间清扫工作时,一定要在宾客不在房内或下船到岸上观光外出的时间段来进行。

想一想
Think It

邮轮客舱部员工为什么一定要按照客舱的清扫顺序清扫房间的卫生呢?这样做的好处是什么?

任务六 ｜ 掌握邮轮客舱清洁整理的基本方法

为了避免邮轮客舱清扫过程中的重复劳动，提高清洁效率，并防止意外事故的发生，邮轮客舱服务员必须掌握邮轮客舱清扫的基本方法。

一、从上到下

在对邮轮客舱房内和卫生间抹尘时，应从上到下依次进行。

二、从里到外

在邮轮客舱卧室地毯吸尘和擦拭洗手间地面时，应从里到外依次进行。

三、环形清洁

在对邮轮客舱房内抹尘、检查客舱房内和洗手间的设备用品时，应从客舱房门口开始，按照顺时针或逆时针方向进行，这样可以避免出现卫生死角或重复整理，既省时省力，又能提高清洁卫生质量。

四、干湿分用

擦拭不同的客舱内家具设备和房内物品的抹布，应严格进行区别使用，做到干、湿分用。例如：客舱房内的灯具、电视机屏幕、音控板等处只能用干抹布，不能用湿抹布，否则容易发生触电危险。

五、先卧室，后卫生间

在清扫邮轮客舱时，应先清扫卧室，再清扫卫生间。当然也可以根据客舱房内的状态和具体情况进行调整。

六、注意边角

客舱房内边角是蜘蛛网和灰尘积存之处，而边角又是宾客较关注的地方，清扫邮轮客舱时必须予以重视，不可遗漏。

熟悉邮轮客舱清洁的注意事项

邮轮客舱房内清洁整理工作一般是从打开客舱房门进入卧室内开始的。邮轮客舱是宾客入住后的"私人场所",邮轮客舱服务员在任何时候进入宾客的客舱房内,都必须遵守相应的规程。

一、客舱服务员进入客舱房内的程序

客舱服务员进入客舱房内前,一定要先观察客舱门外的情况,注意邮轮客舱门把手上是否挂着"请勿打扰"或"请即打扫"牌的标志。一般客舱房门后都有一张磁吸式样的"请勿打扰"或"请即打扫"牌。客舱服务员一定要在确认好房间状态后,才可以敲门询问宾客是否需要清洁服务。如果是"请勿打扰"状态,那就应先轻轻地将工作车推走,离开此房间,等宾客取下标牌后方可进行清扫。

二、敲门

用食指或中指第二骨节敲门或按门铃 3 下(每下之间应间隔 3~5 s),不可用手拍门或用钥匙敲门。敲门应有节奏,轻重适度,并随口要说:"Housekeeping"。

三、等候回应

站在邮轮客舱门前适当的位置(侧身 45°),以方便客舱房内宾客对外面的观察。敲门后切勿立即开门或连续敲门,此时若房内宾客有回应,邮轮客舱服务员应再通报,并征求宾客的意见。如宾客不同意此时清扫邮轮客舱,服务员应向宾客道歉并轻轻地离开此房;或视情况征询宾客何时清洁较方便,并把宾客要求清扫邮轮客舱的时间记录在邮轮客舱房内清洁日报表上,以免遗忘。

四、开客舱房门

若邮轮客舱房内仍无动静,客舱服务员可以开门进房。开门时,应先将客舱房门打开15°角,用手再次轻敲客舱房门,同时通报身份,并注意观察房内情况,不要猛烈推门。若发现宾客仍在睡觉,应马上退出,轻轻把门关上;若宾客已醒但未起床或正在起床,应马上道歉后再退出,不要过多解释,以免造成宾客不便;若宾客已经起床,则应询问宾客是否现

请即打扫

Make Up Room

在可以清理邮轮客舱或按照宾客的意见去做。

五、进入客舱房内

　　如宾客不在客舱房内或已征得宾客允许进入客舱房内时，邮轮客舱服务员应将客舱房门始终保持敞开状态，然后再进行邮轮客舱房内的清洁或服务。

任务八 了解邮轮客舱清洁器具

邮轮客舱清洁器具是邮轮客舱服务员在清洁保养邮轮客舱及房内设施设备时所必须使用的。邮轮客舱服务员在对客舱房内进行清洁之前,必须掌握它们的使用方法。

一、清洁机器

吸尘器主要用于地毯、板壁、软面家具及地面的吸尘。

(1)使用吸尘器时,必须注意检查各部件的连接是否严密,如有漏风的地方要及时修理;检查有无漏电现象,防止发生危险。

(2)使用吸尘器时,要避免吸入硬物或尖锐的东西,以免蓄尘袋破裂、吸管堵塞或机件失灵。

(3)要防止吸入大片纸张、棉花团或布片等物,以防堵塞吸管和吸头。

(4)将吸尘器电源插头拔下前,要先把吸尘器开关关掉,避免吸尘器从电线上碾过。

(5)吸尘器使用完毕后,要注意清理蓄尘袋,清洁刷子和吸尘器的外壳;否则,不仅不卫生,还会影响吸尘器正常的工作,严重的还会使吸尘器停止工作,甚至会烧掉电源。

(6)使用"吸尘吸水"两用机器时,要注意经常清洁其过滤罩,每次使用完毕后都要把脏物取尽,并检查电路和容器之间的密封装置。

二、清洁器具

邮轮客舱清洁器具包括扫帚、水桶、拖把、工作车等。

(1)扫帚。扫帚的作用就是从硬地板和弹性地板上扫走大颗粒的脏物和垃圾。好的扫帚有两排硬毛,前面一排硬毛是专扫大颗粒脏物和碎片的;第二排硬毛细一些、尖一些,可扫一些小的颗粒和碎片。好扫帚有钢制的环板,使用者可更换用旧了的刷子。

(2)水桶。打扫邮轮客舱用的桶通常有电镀铁桶、不锈钢桶和泡沫塑料桶。用两个桶可节约人力,一个用于清洗,另一个用于漂洗。

(3)拖把。高质量的拖把带有堵头布,拖得比较均匀,并能恢复原样。每次使用完后要洗干净。不要用漂白粉洗拖布,因为漂白粉容易加速拖布纤维的破损。尘拖主要用于日常除尘工作,可清除地板上的灰尘和小颗粒的破损物。每天用尘拖清扫研磨性的小颗粒,这些小颗粒如不及时清除,极易损坏地板保护层。尘拖的拖布由棉或合成纤维制成,经化学品处理后,棉拖布一般能吸住灰尘。尘拖的拖布不要用油处理,因为油会在石材地板或木地板上留下污渍;清扫完成之后需要晾晒拖布,以便让拖布变干。合成纤维拖布不必处理。

（4）工作车。工作车是邮轮清洁保养工作中最常用的，不需要电机驱动的一般清洁设备。它是邮轮客舱服务员清扫邮轮客舱时用来运载物品的工具车，多为3层，其大小以能够存放一名服务员一天所负责打扫邮轮客舱的全部所需物品和有关工具为宜。工作车配有用来存放邮轮客舱替换下来的脏布草的布件袋和用来存放垃圾的袋子，顶部的许多小格可装邮轮客舱消耗品，这样可省去工作中送取用品的时间，从而减轻劳动强度，提高工作效率。工作车通常安装两只定向轮、两只万向轮，便于转向移动。为防止工作车进出时碰伤墙纸、门面或留下痕迹，其边框一般都包有泡沫或橡胶条。

工作车

Linen Special Car

工作车的布置应按邮轮的规定进行，不能在车上随便堆放杂物。推拉工作车时应注意万向轮在前，定向轮在后，避免因硬拉而损坏工作车。工作车应装有缓冲器或其他弹性防护装置。推拉时应掌握行进方向，以免撞伤墙面或撞坏其他物件。工作车应该经常擦拭，保持清洁。同时，应定期对工作车车轮加油，进行润滑和消声处理。

想一想
Think It

客舱部服务员在清洁工作前为什么要掌握清洁工具的使用方法？这样做的好处是什么？

邮轮客舱房间清洁程序与标准　项目二
Procedures and Standards of Guest Room Cleaning　Task Two

本项目数字化资源

　　邮轮客舱房间清洁又称"做房"。它包括三个方面的工作内容，即清洁整理邮轮客舱、更换添补物品、对设施设备进行检查和保养。邮轮客舱状况不同，对清洁的要求和程度也有所不同。一般来说，对于暂时没人居住但随时可供出租的空房（VC 房），邮轮客舱服务员每天只需要进行简单抹尘、放水即可；对于那些宾客暂时离开的长住房和外宿房，需要进行一般性清洁；而对于住客房、走客房以及贵宾房，则需要进行彻底的清洁。所以，邮轮客舱服务员应根据不同的客舱房内状态，严格按照清洁程序和要求来进行，使之达到邮轮规定的质量标准。

任务一　了解不同房态邮轮客舱的清洁流程

一、走客房状态的邮轮客舱的清扫程序

1.进入邮轮客舱

　　按照进入客舱房内程序进入邮轮客舱，客舱房门要保持敞开状态，直到清扫完毕。开门打扫卫生的目的：一是表示该邮轮客舱正在清扫状态中；二是有利于客舱房内的通风换气；三是防止意外事故的发生。开门后，将房卡插入取电盒，接上电源，关闭空调，熄灭多余的灯（如需要，只保留清洁用灯），同时检查空调和灯具开关是否运作正常。拉开窗帘，打开窗户，其目的是使客舱室内光线充足，调节室内空气。拉开窗帘时，应注意检查窗帘

是否脱钩、有无损坏,窗户开关是否灵活、严密。有些邮轮客舱的窗户不能打开,应打开空调的新风系统,加大通风量,保证室内空气的清新。

2.观察客舱房内情况

主要检查客舱房内是否有宾客遗留的物品、有无设备被宾客损坏、有无物品被宾客带走,如有应及时报告客舱部主管。因此,在清扫邮轮客舱时,邮轮客舱服务员应重点对客舱房内设施设备、物品器具进行检查。

3.整理客舱房内器皿

如果宾客在客舱房内用过餐,应先将宾客用过的餐具或餐车撤到指定地点,然后撤换脏的茶具、水杯、酒具等,倒空电热水壶。为了保证邮轮客舱房内水杯、酒具等物品的清洁,同时也为了加快邮轮客舱清扫速度,以及达到卫生防疫消毒标准,所有的茶具、水杯、酒具等不可以在邮轮客舱内清洗,应将使用过的杯具等器皿放在工作车上的指定位置,送到邮轮各楼层消毒间内集中清洗和消毒。

4.清理垃圾和杂物

将客舱房内的垃圾、果皮、大块纸团等集中收拾到垃圾桶中。清理垃圾时,还应注意对邮轮客舱垃圾进行分类处理,凡是具有再利用价值的物品,应及时回收并加以合理利用,这样做既可以减少物品消耗,又可以避免简单地将其作为垃圾处理而造成环境污染。

5.撤走用过的床单和枕套

把撤下来的脏布草放进工作车内。

(1)在撤床单时,要抖动几次,确认没有裹带宾客衣物或其他物品。

(2)若发现床单、褥垫等有破损及受污染情况,应立即上报,并对其单独放置,及时通知洗衣房进行专门处理。

(3)不要把脏布草扔在家具、地毯或楼层过道上,以免造成布草的"二次污染"。

(4)去收脏布草的同时,应带回相应数量的干净布草,并放在指定的位置。

6.铺床

按铺床的程序进行床单、被套、枕套的整理。由于各个邮轮要求不同,铺床的方法多少有些差异。传统的西式铺床是从欧美邮轮业流传过来的,其铺床的方式已经不适合当今人们的睡眠习惯。如今,绝大多数邮轮客舱都采用"中式铺床"方式,以一层底单加上一个被子为特色。这种铺床方式,已经被宾客所认可和接受。

7.卫生间清扫

客舱房内的卫生间是宾客最容易挑剔的地方,对卫生要求最高,所以客舱服务员对卫生间的清洁工作应格外重视。在一般情况下,具体的卫生间清扫程序如下:

(1)进入卫生间,开灯,打开换气扇,将清洁工具带入卫生间,放置在洗脸台下方的地面上。有的邮轮则要求带块地毯,铺在卫生间门口,防止将水带到卧室地毯上。

(2)先在恭桶内倒入适量的清洁剂,注意不能直接倒在恭桶壁上。检查恭桶是否有堵塞或漏水现象,如有应及时报修。为了减少邮轮排污量,恭桶是否需要先放水冲一次不应一概而论,要视其具体情况而定。

(3)撤走卫生间内宾客用过的毛巾,放入工作车的布草袋内。

(4)撤出垃圾,倒进工作车内的大垃圾袋中。

（5）清洗湿抹布，放在一边待用。

（6）将皂碟清洗后，放回原处。

（7）清洗洗脸盆。用柔软的清洁工具，如百洁布或海绵，并倒上或喷上多功能清洁剂进行洗刷。放水冲净，并用抹布擦干，同时也要把水龙头、毛巾架等不锈钢器件用干抹布擦干、擦亮。

（8）镜面清洁。可喷少许玻璃清洁剂，然后用干抹布擦亮。

（9）清洁浴缸。先将浴缸塞关闭，放少量热水和清洁剂，再用浴缸刷或海绵块，从墙面到浴缸内外依次清洗；洗刷后，用清水冲洗墙面和浴缸；用湿抹布擦干墙面、浴缸、浴帘，特别是墙面及浴缸的接缝处，以免发霉；再用干抹布擦净、擦亮金属器件（浴缸把手、出水龙头、下水阀）等。浴缸内若放橡胶防滑垫，也应刷洗和擦干；要注意，浴缸的外侧也要清洁干净。

（10）清洁恭桶。用长柄刷擦洗恭桶，尤其对恭桶的出水孔和入水孔的洗刷，用专用抹布擦净恭桶内外、座圈、盖板，也应注意恭桶底部及背面，并擦净恭桶水箱，最后放水冲净。

（11）擦卫生间的门。用湿布擦净门的内外和门框。

（12）补充用品。按规定的物品摆放位置，放好毛巾、香皂、牙具、洗发液、沐浴液、卫生纸等。摆放时应注意将物品名称正面朝向宾客，同时也应将有邮轮标识的一面朝向宾客。

（13）洗刷地面。用专用抹布抹净地面和边角。要从里到外，边抹地，边退向卫生间门口，以保证地面无毛发、无水迹。

（14）全面检查。查看一下是否还有不妥之处，然后关灯、关换气扇，将卫生间的门半掩。

8.抹尘

（1）按环形线路依次把客舱房内家具、设施设备表面抹干净。

（2）抹尘时，注意抹布要干湿分开、折叠使用，要擦拭到位，特别是一些卫生死角，如窗台、窗框等。

（3）检查客舱房内设施使用是否正常，客舱房内用品是否齐全充足、摆放是否规范，如试写圆珠笔是否出水流利。查看邮轮客舱服务指南是否完好，查看文具纸张数量以及洁净程度等，并记下所缺用品的项目和数量，以便准确补充。

抹尘具体的操作内容如下：

①客舱房门。应从上到下用湿抹布将门、门框抹净，并用干抹布擦房号牌及门锁；检查门锁是否灵活，"请勿打扰"门牌、防火疏散图是否完好，有无破损或污迹。

②衣柜。用湿抹布擦拭衣柜时，应从上到下、从里到外，同时检查衣架种类、数量是否齐全，并按规定检查鞋篮是否清洁完好，篮内物品如拖鞋、擦鞋纸（布）是否齐全；洗衣袋和洗衣单等是否也齐全完好。

③小酒吧。擦净小酒吧区域内外各处；检查冰箱运转是否正常，接水盒是否溢满，温度是否符合标准，并擦净表面浮尘和水迹。

④电视机。用干抹布擦净电视机外壳和底座的灰尘，必要时用专用抹布，如绒布擦净电视机屏幕，并检查电视机是否完好、有无图像、频道是否正确，音响、色彩是否适度；检查电视节目单是否完好，摆放是否符合要求。

⑤写字台、化妆台。镜灯、镜框、台灯用干抹布擦拭。同时，检查文件夹内是否缺少物品；用湿抹布擦拭抽屉，擦净椅子（注意椅子脚及桌脚的擦拭）。

⑥沙发、茶几。可用干抹布掸去沙发或扶手椅的软面的灰尘，用湿抹布擦拭扶手椅的

木档;用湿抹布擦拭茶几。

⑦床头柜、床头板。用干抹布擦拭灯罩、灯泡、灯架和床头板,注意床头灯的位置。灯罩接缝朝后;用干抹布擦去电话机及话筒上的灰尘及污垢,同时检查电话是否正常,电话线按规定绕放并用湿抹布擦净床头柜表面,检查"请勿在床上吸烟"提示牌、便笺纸、铅笔、电视遥控器等物品是否齐全,有无污迹或破损,用品摆放是否整齐。

⑧空调开关。用干抹布擦去空调开关上的灰尘,将空调温度、风速调节至邮轮客舱规定的度数,并检查空调运行是否正常。

9.补充客舱房内用品

客舱房内用品的补充要根据邮轮规定的品种、数量及摆放要求进行定量和定位。补充时应注意不要有遗漏,物品摆放要整齐,商标要正面朝向宾客。

10.吸尘

(1)先把吸尘器电线理顺,把吸尘器拿进客舱房内后插上电源,开机。

(2)从客舱窗户前区开始,从里到外吸尘(有阳台的客舱房内从阳台开始吸尘)。

(3)吸地毯要按顺纹方向进行吸拭。

(4)吸边角位时,可直接用扁形吸管吸尘。

(5)吸卫生间地面时,要注意转换毛刷功能,使其适宜硬地面。地面有水的地方不能吸,防止漏电和电机的损伤。

11.自我检查

观察一下家具、物品是否摆放整齐,物品是否短缺,清洁工具是否遗留在房内。如有不妥之处,自己可以及时处理。

12.关闭客舱房门,填写客舱服务员工作表

取出插在取电盒上的钥匙,轻轻关上客舱房门。然后在邮轮客舱清洁报告表上,填写进出客舱房内的时间、撤换和补充物品的数量以及记录房内维修项目的内容等。

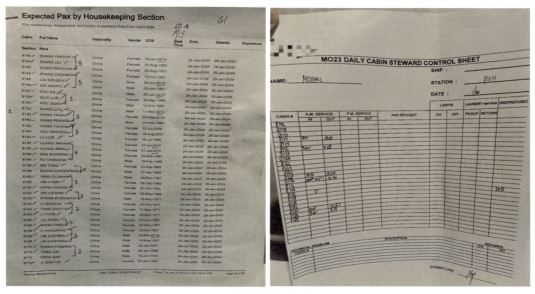

客舱服务员工作表
Cabin Attendant Work Sheet

二、住客客舱（OCC 或 OC）的清扫程序

邮轮客舱清扫一般是先撤床，再清理卫生间，最后抹尘和补充房内用品。这样可以让房内有一定时间透气，达到降尘的目的。而对有宾客在住的客舱进行清扫时，一般要求先将客舱房内卧室区域整体都清洁完毕后，再清理卫生间。这是因为宾客可能随时会回来，甚至会带来宾客，所以应先将客舱房内整理好，使客舱房内外观整洁，给宾客以舒适感，这时邮轮客舱服务员再去清理卫生间，也不会互相干扰。其具体程序一般为：

（1）进入邮轮客舱；

（2）观察房内情况；

（3）整理器皿；

（4）清理垃圾；

（5）整理床铺；

（6）客舱房内抹尘；

（7）补充房内用品；

（8）清理卫生间；

（9）吸尘；

（10）自我检查；

（11）关闭客舱房门，填写邮轮客舱清扫报告表。

三、客舱空房的清扫程序

邮轮客舱服务员还要对本航次的空置客舱的房内进行简单的清洁保养，以保持空房良好的清洁状况，保证每航次宾客入住时房内卫生良好。其具体程序如下：

（1）进房后首先检查房内所有电气设备，保证其运转良好；

（2）阶段性用抹布擦拭家具上的浮尘，并检查家具的牢固程度；

（3）阶段性对卫生间内的水龙头试放水，以免时间过久导致水质浑浊；

（4）定期对空房进行通风和吸尘；

（5）检查邮轮客舱房内有无异常情况。

四、贵宾房（VIP）的清扫程序

（1）在游客登船前，对已知的重要宾客，客舱部主管会亲自带领客舱服务员对邮轮客舱设施设备进行全面、彻底的清洁保养。

（2）铺床时，应选用新的或较新的床单、枕套、枕芯、被褥等，并使用面料较好的床裙，以显示接待规格高于其他普通的邮轮客舱。

（3）按照贵宾等级和接待规格的高低布置贵宾房，准备鲜花、果盘、糕点、邮轮公司欢迎信、邮轮总经理名片等礼仪、礼节性物品。

（4）按照邮轮规定的品种、数量补充全新的卫生用品。

五、小整理服务的程序

小整理服务的内容大致与夜床服务相似,主要是清理宾客午休后的客舱房。重新整理床铺,必要时补充一些消耗品,使客舱房内恢复原状。一般是在游客下船观光或在其去餐厅用餐时,应迅速进行整理,以便宾客午休。

小整理服务一般是为贵宾提供的,一般性的宾客不提供小整理服务。是否需要提供小整理服务,以及小整理服务的次数等,各邮轮都会根据自己的经营方针、房价的高低、宾客身份的高低等做出相应的调整与规定。

议一议
Discuss It

请大家议一议:邮轮客舱服务员在为宾客提供不同情况的清洁服务时,都会按照相应的服务程序依次进行,你认为除了注意服务程序之外,还应注意哪些事宜?

任务二　熟悉客舱开夜床服务的程序和标准

邮轮客舱开夜床服务又称"做夜床"或"晚间服务"(Turn-down Service)。它包括做夜床、客舱房内整理、卫生间整理、毛巾花折叠等内容。开夜床服务是一种高雅、亲切的对客服务项目,其主要作用是更方便宾客休息。整理干净的邮轮客舱可以使宾客感到更舒适,也表示对宾客的欢迎和礼遇。邮轮上开夜床的特色和亮点在于,对客舱房内进行卫生整理后,将毛巾折叠成各式各样的小动物形状,增加客舱房内的特色,给宾客一种喜悦感。一般邮轮客舱开夜床服务的时间是 18:00—21:00。

一、进房

(1)按进房程序进入邮轮客舱。

(2)如宾客在房内,须征得宾客同意后方可进入,并礼貌地向宾客道"晚上好"。如果宾客不需要开夜床服务,服务员应在夜床服务记录表上做好登记。

(3)如发现客舱房门挂着"请勿打扰"牌或客舱房门反锁,服务员可以从门下方塞入"夜床服务卡",告诉宾客如需开夜床服务,请致电邮轮客舱中心。

二、开灯

打开所有照明设备，并检查是否正常。

三、拉上厚窗帘

注意窗帘的接口处是否闭合，窗帘挂钩是否完好。

四、客舱房内整理

（1）更换宾客已用过的杯具。
（2）倒掉垃圾桶内的垃圾。
（3）擦拭家具并检查设施设备，如空调、音响、电视等。
（4）按规定位置放好邮轮次日行程安排单或其他物品。
（5）检查小冰箱饮料的消费情况。
（6）检查客舱房内物品是否备全，如有短缺，应及时补充。
（7）若客舱房内地毯特别脏，则需吸尘；若有大块垃圾，应及时捡拾。

五、开床

（1）先将床旗折叠后放到指定的位置。
（2）将靠近床头一边的被子向外翻，按邮轮规定折成一定的角度，以方便宾客就寝。
（3）放平枕头并将其摆正，如有睡衣，应叠好置于枕头上或床尾。
（4）按邮轮规定在床头或枕头上摆放鲜花、晚安卡、早餐牌及赠品等。
（5）在开床一侧的地面上铺好垫脚巾，把拖鞋打开，放在垫脚巾上。
（6）标准间只住一位宾客时，一般开邻近卫生间一侧的床；如果宾客已经睡过了某张床，就开睡过的床；如果在某张床上放了较多东西，就开没放东西的那一张。开床的方向都在床头柜方向。双人床睡两人时，两边分别开床；只睡一人时，一般只开主床头柜一边即可。

六、进行邮轮客舱毛巾宠物的折叠

利用卫生间内的浴巾、面巾、小方巾，按照一些小动物的形状进行折叠，然后将折叠好的小动物形状的毛巾花放在开好的夜床床面上。

七、卫生间整理

（1）更换宾客要求换洗的水杯、面巾等。
（2）洗脸盆、浴缸如已使用过，应重新清洗擦净。

（3）将防滑垫放置于浴缸内适中位置。

（4）将地巾平放在浴缸的正前方。

（5）将浴帘下摆放入浴缸内,并拉出 1/3,避免宾客淋浴时将水溅到地面上,带来安全隐患。

（6）关灯,将卫生间门半掩。

（7）利用房间内的毛巾进行毛巾花折叠,每日折叠不同的造型。

八、检查一下房内还有无不妥之处

客舱服务员在开夜床服务完毕之前,一定要从里向外依次仔细查看房内所有的物品、卫生、照明等是否符合邮轮客舱开夜床的标准。如确认无误后,将房门关好,做好记录,离开客房。

九、关灯、关门

（1）除床头灯和走廊灯外,熄灭其他的灯并关上客舱房门。

（2）如果宾客在房内,应向宾客致歉并道晚安后,面向宾客轻轻地将客舱房门关上。

十、在夜床报表上做好工作记录

开夜床服务后,应将未尽事宜或宾客习性记录在"夜床报表"或客户档案上。在开夜床服务过程中如果发生特殊情况,应及时告知当班的邮轮客舱部经理或主管,切勿私自处理,以免造成服务的失误。最后,也要做好工作车及工作间的清洁和整理工作。

客舱开夜床服务标准

Cabin Turn-down Service Standards

任务三　了解清洁中常见问题的处理方法

邮轮客舱服务员在每天清洁邮轮客舱的过程中，都会遇到一些不同的问题或情况。对于这些问题或情况，邮轮客舱服务员应按照邮轮的规章制度去解决。在一般情况下，有以下常见的问题：

一、宾客在客舱房内时

（1）应向宾客礼貌问好，询问宾客现在是否方便清扫。

（2）要求操作轻，动作敏捷，程序熟练，如宾客有提问则应礼貌应答，但不能与宾客长谈。

（3）若遇到宾客房内有来访宾客，应询问是否继续进行清扫工作。

（4）清扫完毕，向宾客致歉，并询问是否有其他吩咐，然后向宾客礼貌道别，退出客舱房内，面向宾客轻轻地关上客舱房门。

二、宾客不在客舱房内时

（1）不要随便合上宾客的文件、书报、个人用品等，不要移动位置，更不可翻看。

（2）不要触摸宾客的手提电脑、钱包、手机以及手表、照相机等贵重物品。女宾客的化妆品即使用完了，也不得将空瓶或纸盒扔掉。整理邮轮客舱的一个基本原则是除了放在垃圾桶内的垃圾，即使是扔在地上的废旧物品，也只能替宾客做简单整理，千万不要自行处理。

（3）擦拭衣柜、行李架时，注意不要将宾客的衣物弄乱、弄脏，也不要挪动宾客的行李，一般只要擦去大面积的灰尘即可。

（4）查看宾客是否有待洗衣物，并仔细核对洗衣单，确认无误后交送洗衣房。

（5）宾客放在椅子上或床上的衣服，外衣可以将其挂入衣柜内，宾客的内衣、睡衣则不得轻易翻动或挪动，尤其是女士的衣物。

（6）发现客舱房内有大量现金或贵重物品，邮轮客舱服务员应及时通知客舱部主管。在邮轮安保部人员和邮轮客舱部主管的陪同下，将客舱房门反锁。等宾客回来后，由邮轮安保部人员和邮轮客舱部主管共同开启客舱房门，并请宾客当面清点现金或贵重物品，提醒和建议宾客使用客舱房间内的保险箱。

（7）对于宾客所设定的空调温度、家具摆设等，应尊重宾客需求，不必重新调整到邮轮规定的温度或位置。

三、宾客中途回房

在清扫过程中,如遇到宾客中途回房,客舱服务员应主动向宾客打招呼问好,并请宾客出示邮轮客舱钥匙或房卡,确认无误后,再向宾客征求意见是否继续打扫。如未获允许应立即离开,待宾客外出后继续进行清扫,离开时还应礼貌地向宾客致歉。若宾客同意,应迅速地把客舱房内清扫好,退出客舱房内时要面向宾客轻轻地关上客舱房门。

四、客舱房内电话铃响

为了尊重宾客对客舱房的使用权,避免产生不必要的麻烦,在清洁客舱房的过程中,即使房内电话铃响也不应该接听,邮轮总机可以为宾客提供留言服务。

五、损坏或遗失宾客的物品

对住客房进行清扫时,邮轮客舱服务员应该特别小心谨慎,尽量不要移动宾客的物品,必要时应轻拿轻放,清扫完毕要放回原位。如不小心损坏或遗失了宾客的物品,应如实向客舱部主管反映,并主动向宾客道歉,根据具体情况,也可由邮轮客舱部或邮轮公司给予适当的赔偿。

六、更换布草等用品

(1)为减少洗涤剂对环境的污染,客舱服务员清扫住客房房内卫生时,一般很少更换床上布草或毛巾。邮轮多用环保卡的方式提醒宾客重复使用,只要将床铺或毛巾整理复原即可。若是长住客,一般定期更换床上布草。如果宾客有需要,则应立即更换。

(2)邮轮客舱 VIP 房间摆放的水果盘、水果刀、糖果盘等,应每天进行更换,保持清洁。在补充水果、茶包和咖啡时,应注意观察宾客喜好,适量添加。

想一想
Think It

请想一下,你认为邮轮客舱内的一次性消耗品是否应当取消呢？邮轮业要取消客舱内一次性消耗品在实践中可行吗？

邮轮客舱房间清洁基本技能　项目三

Basic Skills for Cabin Cleaning on Cruise Ships　Task Three

本项目数字化资源

　　一名合格的邮轮客舱服务员，除了要具备扎实的客舱服务理论知识外，还要熟练掌握客舱清洁技能。在通常情况下，除了整理客舱房内卫生、清洁洗刷卫生间的器具外，邮轮客舱服务员还应当具有"铺床技能"。

任务一｜掌握邮轮客舱中式铺床技能

　　（1）拉床。为了操作方便，将床拉出约 60 cm。

　　（2）铺床单。将折叠的床单正面向上，两手将床单打开。利用空气浮力定位，使床单的中线不偏离床垫的中心线，两边垂下部分相等。第一次甩单定位应做到准确，一次到位；不偏离中心线，正面向上。

　　（3）包边、包角。注意方向要一致，角度相等、紧密、不露巾角。第一次包角应做到 4 个角式样、角度一致，4 个角均匀、紧密，床两侧塞进床垫部分不少于 15 cm；床头、床尾塞进床垫部分不小于 15 cm。

　　（4）套被套。将被芯平铺在床上，将被套外翻，把里层翻出，使被套里层的床头部分与被芯的床头部分固定。两手伸进被套里，紧握住被芯床头部分的两角，向内翻转，用力抖动，使被芯完全展开，被套 4 个角饱满。将被套开口处封好，调整棉被位置，使棉被床头部分与床垫床头部分平齐，棉被的中线位于床垫的中心线。

　　（5）套枕套。将枕芯装入枕套，使枕套 4 个角饱满，外形平整、挺括，枕芯不外露。与床两侧距离相等，枕头开口处，背对于中间床头柜。

（6）推床还原。将铺好的床向前推进，与床头板吻合。

（7）铺床旗。将床旗均匀地铺在床尾处。

（8）铺床时间。整个铺床的过程应控制在 5 min 左右。

1 拉床

Pull the Bed

2 检查床垫

Check the Mattress

3 检查床单

Check the Sheet

4 床单定位

Sheet Location

5 打开床单

Open the Sheet

6 包角 01

Wrapped Mattress 01

7 包角 02

Wrapped Mattress 02

8 包角 03

Wrapped Mattress 03

9 包角成形

Forming the Wrapped Mattress

10 打开被套

Open Quilt Cover

11 套上被套

Put Quilt Cover

12 被罩铺平

Pave Quilt Cover

13 折叠被头
Fold Quilt

14 整理被头
Make-up Quilt

15 套枕套
Place Pillow Case

16 整理枕套
Make-up Pillow Case

17 铺床旗
Pave Bed-flag

18 铺床完毕
Bed Making Completed

"中式铺床"步骤图解
"Chinese-style Bed Making" Steps

任务二 | 掌握客舱毛巾花(毛巾宠物)的种类及折叠方法

在邮轮上,每天到18点左右,邮轮客舱部服务员就开始了邮轮客舱部的第二项重要工作,即开夜床服务。除了按照开夜床的服务流程清洁客舱房间,整理客舱房间内宾客使用过的物品外,最重要的一项技能服务就是"毛巾花折叠"。

邮轮客舱服务员每天晚上在开夜床时,都会利用客舱卫生间内的毛巾,经过想象力将毛巾活灵活现地按照一些小动物的形状,如兔子、猴子、大象、小狗、天鹅等,折叠出来后放在宾客的床上,使宾客再次进入客舱房间时产生一种惊喜和快乐感,也为客舱房间增添了活力。

以下列举"小猴子""大象"两种折叠技巧:

一、用毛巾折叠"小猴子"的技巧

准备材料:1块长方形毛巾、1块小方巾、纽扣、双面胶。

步骤一:将长方形毛巾摊平,把两边分别向中间卷成长条形。

图 1-1　　　　　　　　　　　　　　　　图 1-2

步骤二:把长条形对折,攥紧,左手拿住左边两个卷,右手拿住右边两个卷,分别向两边拉开。

图 2-1　　　　　　　　　　　　　　　　图 2-2

图 2-3

步骤三:拿 1 块小方巾,两边对折。

图 3-1

步骤四:把两角向中间卷成长条形。

图 4-1

图 4-2

图 4-3

步骤五：

1.底部向上卷,再把两片打开向外翻折,抱起卷子。

图 5-1

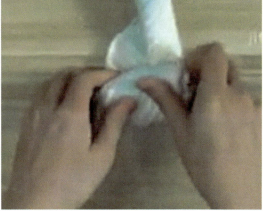

图 5-2

2. 两片打开,向外翻折。

图 5-3

3.包成卷子。

图 5-4　　　　　　　　　　　　　图 5-5

步骤六:把两部分拼起来,把纽扣粘在猴子眼睛的位置,整理一下。这样,1只用毛巾做的"小猴子"就完成了。

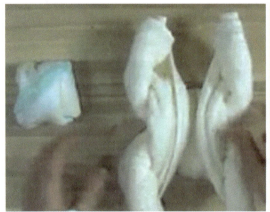

图 6-1　　　　　　　　　　　　　图 6-2

图 6-3　　　　　　　　　　　　　图 6-4

二、用毛巾折叠"大象"的技巧

准备材料:两块大小相同的毛巾,颜色可以不同,但最好是纯色的。

步骤一:把其中一块毛巾展开,从毛巾的两端分别向中间折叠。

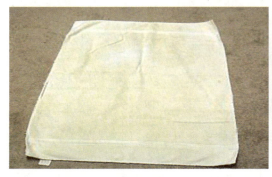

图 1-1   图 1-2

步骤二:把另一块毛巾展开,从毛巾的两端分别向中间折叠。

图 2-1   图 2-2

步骤三:再从另外两端向中间折叠。

图 3-1

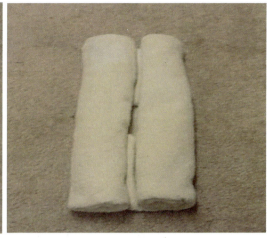

图 3-2

步骤四:再从两端对折,大象的身体就做好了,这就是 4 条粗腿。

图 4-1

步骤五:取另一块毛巾,从两端各取一角向中间折叠成一个三角形。

图 5-1

步骤六:从三角形的一个斜边向内卷叠。

图 6-1　　　　　　　　　　　　　　　图 6-2

步骤七:把三角形的另一侧也如上面步骤折叠;将上面两个角向外翻成大象的耳朵。

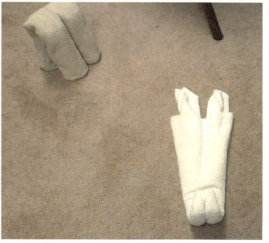

图 7-1　　　　　　　　　　　　　　　图 7-2

步骤八:最后形状。大象的头就做好了,大耳朵、长鼻子就显现出来了。

图 8-1

步骤九:将大象的头放到刚才做好的大象身体上。一头大象就完成了。

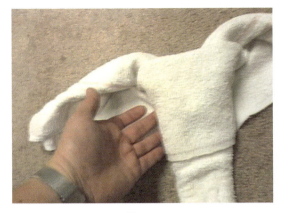

图 9-1

步骤十:再丰富一下想象力,给大象做个装饰,超级可爱的毛巾"大象"就成型了。

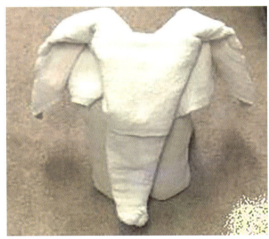

图 10-1

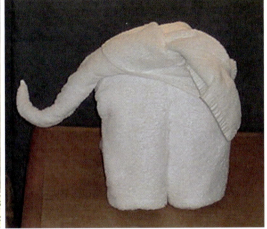

图 10-2

 做一做
Do It

学习了邮轮客舱中式铺床的步骤和方法后,请你实际演练一下。

任务三 | 了解邮轮客舱卫生检查的内容及标准

邮轮客舱卫生检查的内容一般包括：房间的检查、卫生间的检查、客舱楼道走廊的检查。

一、房间的检查

（1）房门：无指印，锁完好，安全知识图、"请勿打扰"牌及餐牌完好齐全，安全链、窥视镜、把手等完好。

（2）墙面和天花板：无蜘蛛网、斑迹，无油漆脱落和墙纸起翘等。

（3）护墙板、踢脚线：干净完好。

（4）地毯：吸尘干净，无斑迹、烟痕，如需要则做洗涤、修补或更换的标记。

（5）床：铺法正确，床罩干净，床下无垃圾，床垫按期翻转。

（6）硬家具：干净明亮，无刮伤痕迹，位置正确。

（7）软家具：无尘无迹，如需要则做修补、洗涤标记。

（8）抽屉：干净，使用灵活自如，把手完好无损。

（9）电话机：无尘无迹，指示牌清晰完好，话筒无异味，功能正常。

（10）镜子与画框：框架无尘，镜面明亮，位置端正。

（11）灯具：灯泡清洁，功率正确，灯罩清洁，使用正常。

（12）垃圾桶：状态完好且洁净，罩有塑料袋。

（13）电视与音响：接收正常，清洁无迹，位置正确，频道应设在播出时间最长的一个，音量调到最低。

（14）壁柜：衣架的品种、数量正确且干净，门、橱底、橱壁和格架洁净完好。

（15）窗帘：干净完好，位置正确，操作自如，挂钩无脱落。

（16）玻璃窗：洁净明亮，窗台与窗柜干净完好，开启轻松自如。

（17）空调：滤网洁净，工作正常，温控符合要求。

（18）小酒吧：洁净无异味，物品齐全，温度开在低挡。

（19）客用品：品种、数量正确，无涂抹、褶皱，状态完好，摆放合格。

二、卫生间的检查

（1）门：正反面干净、无划痕，把手洁亮，状态完好。

（2）墙面:清洁完好,无松动、破损。

（3）镜子:无破裂和水渍,镜面干净无迹。

（4）天花板:无尘无迹、无水漏或小水泡,完好无损。

（5）地面:洁净无迹,无水、无毛发,接缝处完好、无松动。

（6）浴缸:内外清洁,镀铬件干净明亮,皂缸干净,浴缸塞、淋浴器、排水阀和开关龙头等洁净完好、无滴漏,接缝干净无霉斑,浴帘干净完好,浴帘扣齐全,晾衣绳使用自如,冷热水水压正常。

（7）脸盆及梳妆台:干净,镀铬件明亮,水阀使用正常、无水迹。

（8）马桶:里外均洁净,使用状态良好,无损坏,冲水流畅。

（9）吹风机:清洁,运转正常,噪声低,室内无异味。

（10）客用品:品种、数量齐全,状态完好,摆放符合规范。

三、客舱楼道走廊的检查

（1）地毯,吸尘干净,无斑迹、烟痕、破损,地毯接缝处平整。

（2）墙面,干净,无破损。

（3）照明及指示灯,使用正常,无尘迹。

（4）空调出风口,清洁,无积灰。

（5）消防器材,安全指示灯正常完好,安全门开闭自如。

任务四 熟悉邮轮客舱消毒和防治虫害工作流程

邮轮客舱是宾客的主要活动场所,由于宾客来自五湖四海,各地的地理条件、气候、生活方式、风土人情以及卫生状况不同,会有各种疾病流行。邮轮客舱消毒和灭虫害是清洁卫生工作的一项重要内容,既是邮轮客舱清洁卫生标准的要求,又是预防各种疾病、保证宾客和员工健康的重要措施。

一、邮轮客舱消毒工作

1.邮轮客舱消毒的要求

（1）客舱房内。客舱房内应定期进行预防性消毒,包括每天进行的通风换气、日光照射以及每星期进行一次的紫外线或其他化学消毒剂灭菌和灭虫,以保持客舱房内的卫生,防止传染病的传播。

（2）卫生间。卫生间的消毒工作非常重要,卫生间的设备和用具易被病菌污染。因此,卫生间必须做到天天彻底清扫、定期消毒,以保持卫生清洁,并做到每换一位宾客都要进行严格消毒。

（3）邮轮客舱工作人员。邮轮客舱工作人员当班期间，应注重个人仪容仪表和个人卫生。

①严格实行上下班换工作服制度，让工作服起到"隔离层"的作用。

②清洁卫生间时，应戴好胶皮手套。

③每天下班用肥皂洗手，并用消毒剂对双手进行消毒。

④定期检查身体，防止疾病传染。

2.常用的消毒方法

消毒的方法很多，大致可以分为通风和日照法、物理消毒法和化学消毒剂消毒法三大类。下面分别介绍这些消毒的方法：

（1）通风和日照法

①室外日光消毒。利用室外阳光的紫外线可以杀死一些病菌。例如定期翻晒床垫、床罩、被褥，既可以起到杀菌消毒的作用，又可使其松软舒适。

②室内采光。室内采光是指让阳光通过门窗照射到房内，以杀死病菌。

③通风。通风不仅可以改善室内环境，而且可以防止细菌和螨虫，因此，改善房内通风和空调效果，是邮轮客舱消毒常用的方法。

（2）物理消毒法

①高温消毒。常见的有煮沸消毒和蒸汽消毒两种方法。

②干热消毒。常见的有干烤消毒和紫外线消毒两种方法。

（3）化学消毒剂消毒法

化学消毒剂能使微生物体内的蛋白质变性，干扰微生物的新陈代谢，抑制其快速繁殖。但在选用消毒剂时要注意使用环保型消毒剂，尽可能避免对人体的伤害和对环境的破坏。其具体又可分为浸泡消毒法、擦拭消毒法和喷洒消毒法。

总之，采用化学消毒剂消毒一定要注意安全。因为，化学消毒溶液对人体有一定的腐蚀作用，在进行消毒时要注意采取防护措施，如有接触应及时用清水冲洗。此外，还应注意选择对环境无污染的化学药品和消毒设备。

二、邮轮客舱防治虫害工作

防治虫害是关系到宾客和邮轮员工身体健康的大事，是邮轮客舱部不容忽视的一项工作。

1.邮轮常见虫害类别

邮轮常见害虫如苍蝇、蚊子、蟑螂、臭虫、跳蚤、虱子、白蚁等。

2.邮轮常见虫害的防治方法

虫害是在一定温度和一定湿度条件下生存发展的。另外，邮轮周围环境不佳也可导致虫害。要消灭、杜绝虫害，必须在专业人员的指导下，有针对性地采取防治措施，同时在防治虫害的过程中避免对环境造成破坏。

（1）苍蝇

苍蝇活动范围广、食性杂，飞返于污物和食物之间，不仅可造成食物污染，还会传播疾

病,如胃肠炎、伤寒等。一旦苍蝇飞入室内,就会扰乱宾客的心情,影响宾客的休息。其主要防治方法如下:

①经常开启的窗户要安装纱窗。

②及时处理残剩的食物。

③垃圾桶要盖严并经常彻底清理。

④经常喷洒杀虫剂。

⑤在夏秋季节要特别注意垃圾处理和邮轮角落的环境卫生,定期清洁消毒,消灭或破坏苍蝇的生存环境。

(2)蚊子

蚊子喜欢在阴暗、潮湿、不通风、无烟熏的地方生存,床下、框后也是其藏匿之所。蚊子不仅叮人吸血、扰人休息,还可以传播丝虫病、流行性乙型脑炎等疾病。其主要防治方法如下:

①保持室内外环境清洁,注意蚊子滋生的死角。

②定期喷洒杀虫剂。

③在室内外合适的地点安置灭蚊灯。

(3)蟑螂

蟑螂通常是通过躲在盒子、食品或行李中被携带进入邮轮客舱的。蟑螂喜欢温湿的环境,如卫生间、厨房、水管附近等。它们不仅散发臭味,还会导致食物中毒和其他一些疾病。其主要防治方法如下:

①保持环境清洁,收藏好食物,要定期打扫死角。

②向有蟑螂出没的地方喷洒专门的杀虫剂。

③请有经验的专家指导或委托专业公司布放药品、诱饵。

邮轮客舱房间
计划性卫生
Guest Room
Plan Cleaning

项目四
Task Four

本项目数
字化资源

任务
一｜熟悉邮轮客舱计划性卫生的
制定、项目及循环周期

一、邮轮客舱计划性卫生的制定

　　邮轮客舱日常工作量比较大，相关人员不可能每天将邮轮客舱的每一处都彻底清扫干净，如高处的灯管、天花板、床槽、床底等。此外，一些区域和设备也没有必要每天都进行清扫，如空调出风口、马桶水箱内部以及金属器具的除锈保养、家具设备的打蜡等，这些区域和设备通常被列入邮轮客舱计划性卫生项目。重视并做好邮轮客舱计划性卫生工作，可以提高邮轮客舱清洁保养的水准，保证邮轮客舱设施设备处于良好的状态。

二、邮轮客舱计划性卫生的项目

　　邮轮客舱计划性卫生管理的第一步就是要对计划性卫生项目进行确定。就一间邮轮客舱房间来说，究竟哪些区域应当计划性卫生，哪些区域划分为日常卫生，首先应加以确定。在实际工作中，各邮轮运营管理公司对计划性卫生项目的确定并没有统一的标准，但大多数邮轮在经营理念和卫生标准方面的理解都是比较接近的。然而，也有一些邮轮客舱部将部分计划性卫生作为日常卫生去做，如门框每天擦拭、床底每天吸尘等，导致邮轮客舱清扫工作效率偏低,劳动成本增加。因此,合理确定计划性卫生项目是非常必要的。在编制、确定计划性卫生项目时,应从各个方面去考虑其合理性和必要性,并以此作为确定计划性卫生项目的依据,只有这样进行计划性管理,卫生才能有序地开展下去。

在一般情况下,计划性卫生项目的确定都会从以下六个方面来进行:

(1)日常卫生工作难以触及的区域和卫生死角,如人体触及不到的四壁、天花板、房顶吊灯以及护墙板、卫生间地漏的除尘等。

(2)费时费工区域,如玻璃窗、窗帘轨、电视机外壳散热孔的除尘等。

(3)需要移动大型家具设备方可进行清扫的区域,如床底、电冰箱、电视柜、控制柜底的除尘等。

(4)金属用具的保养,包括水龙头、房号牌、门把手的除尘除锈等。

(5)客用棉织品的清洗,如床裙、床罩、床垫、毛毯、窗帘的定期清洗等。

(6)软面饰材的清洁保养,如地毯、墙布的定期清洗等。

当然,邮轮客舱部还要考虑邮轮的清洁保养的要求、设施设备的配备情况和邮轮客舱出租率情况等因素,来确定或进行邮轮客舱计划性卫生项目的实施。

下表为邮轮客舱计划性卫生项目及质量标准。

邮轮客舱计划性卫生项目及质量标准
Scheduled Hygiene Items and Quality Standards for Cruise Ship Cabins

项 目	工 具	质 量 标 准	注 意 事 项
1.吸客舱房内边角位置	吸尘器、抹布、毛刷	地毯疏松、无污物	不能用扫把扫地毯
2.清洁电话并消毒	洗涤剂、抹布、酒精棉球	无污物、无异味	注意擦拭电话线
3.擦窗户及窗台外	玻璃刮、抹布、毛刷	玻璃明亮、无水渍,窗台框无尘	不要站在窗台上擦拭玻璃,窗帘挂钩(珠)不能掉在地毯上
4.除墙面、天花板浮沉	除尘扫把、鸡毛掸	无尘、无蜘蛛网	安全操作
5.清洁冰箱	水桶、中性洗涤剂、海绵、抹布	干净、无异味	●先切断电源 ●邮轮客舱、空房应把开关拧到"OFF"状态
6.擦拭空调	干湿抹布	无黑灰	注意检查出风口
7.翻床垫		4个角编号,要有记录备查	定期翻转
8.清洁电源插座	洗涤剂、抹布	洁白、无污渍	切断总电源,防潮
9.擦拭床头灯及金属部分	抹布、擦铜水	光亮、无污渍	勿用湿抹布擦拭
10.擦拭踢脚线	抹布	干净、无尘	注意衣柜后及门后踢脚线的擦拭
11.擦抽风机	抹布、刷子	无尘、无污渍	先切断电源

（续表）

项　目	工　具	质　量　标　准	注　意　事　项
12.清洁坐便器	坐便器刷、洗涤剂、酸性洗涤剂	无水痕、无锈渍	先关水擎,将水位降到最低位,清洗每层盖缝、坐便器外部和底座
13.清洁浴缸	海绵、洗涤剂	无水渍、无污迹	空房也需清洁
14.刷洗瓷砖墙面	牙刷、海绵、中（酸）性洗涤剂、抹布	洁白、无污渍、无皂渍	注意瓷砖拼接缝
15.清洁卫生间地面	牙刷、洗涤剂、酸性洗涤剂	洁白、无污渍、无水渍	注意地漏、坐便器后地板和洗面台下的地面的清洁
16.擦金属配件	擦铜水、抹布	光亮、无手印	包括窗帘杆、毛巾架、浴巾架、浴缸扶手、水龙头

三、邮轮客舱计划性卫生的循环周期

邮轮客舱部管理人员要根据邮轮的清洁保养的要求、设施设备的配备情况和邮轮客舱出租率情况等因素,来确定邮轮客舱卫生的周期。就一间客舱房间而言,一般计划性卫生项目多达二三十项。这些计划性卫生项目有的打扫起来比较复杂;有的地方可以手到灰除;有的费工、耗时;有的清洁周期较短,也有的清洁周期较长。在日常卫生清扫过程中,为了科学、合理、有序地将计划性卫生项目安排和落实下去,最好的办法就是先将计划性卫生项目按清洁周期长短的进行分类,然后根据清洁周期的长短进行合理安排。

邮轮客舱卫生项目较多,一般邮轮都会根据循环周期的不同,将其划分为短期、中期和长期的计划性卫生来进行。

议一议
Discuss It

请大家议一议:为什么邮轮客舱部设定一个合理化的循环周期,会对客舱房间整体卫生清洁和保养起到保障性的作用?

任务二｜熟悉客舱计划性卫生的种类

邮轮客舱卫生项目及清洁周期确定之后,余下最主要的工作就是如何将这些计划性卫生有序地落实下去,并实现有效的质量控制。各邮轮公司的客舱部应当根据具体情况安排、落实客舱卫生的计划工作。

一、短期计划性卫生的安排

短期计划性卫生是指循环周期为 1 个月以内的卫生,多数是一些日常不易清洁的死角卫生。例如,客舱房门边框、踢脚线、地漏、床底、窗槽、坐便器水箱、排风扇、空调新风口、客舱房内电线(包括电话线、电视线、电吹风线或电脑线)清洁,电冰箱除尘,电视机机壳散热孔除尘等。

短期计划性卫生可分为"月计划"卫生和"周计划"卫生(见下表)。短期计划性卫生的最大特点就是周期短、项目多,但操作简单,大多可由楼层服务员或清扫员来完成。这里列举几种邮轮客舱部常见的编排方式。

1.单项计划性卫生的清洁方式

单项计划性卫生的清洁方式,就是将所有短期计划性卫生项目排列出来以后,规定每天对邮轮客舱房间的某一部分或区域进行彻底打扫。除日常的清扫整理工作外,还规定邮轮客舱服务员每天对邮轮客舱房间的某一部分进行彻底清洁。这样,经过若干天对不同项目和区域的彻底清扫,即可完成全部客舱房内的计划清洁。

2.单间客舱房内计划性卫生方式

单间客舱房内计划性卫生方式,要求邮轮客舱部服务员每天大扫除 1 间邮轮客舱。例如,某邮轮客舱部 1 名员工每天负责 15~16 间的邮轮客舱清扫任务,要求该员工每天彻底打扫其中 1 间邮轮客舱,15~16 天即可对所负责的所有邮轮客舱做一次计划性清洁卫生。

3.突击计划性卫生方式

一般在两种情况下使用突击计划性卫生方式:一是在特殊情况下,如遇到重要接待任务;二是旅游旺季时常常会人手紧张,正常的计划性卫生工作都难以实现。针对这两种情况,邮轮可采取突击计划性卫生方式,即动员包括邮轮其他部门和岗位休班的人员在内,对客舱各项计划性卫生项目进行突击清扫,速战速决。

邮轮客舱"周计划"卫生安排表

"Week Plan" Schedule for Room Cleaning

星　期	项　目
一	
二	
三	
四	
五	
六	
日	

邮轮客舱"月计划"卫生安排表

"Month Plan" Schedule for Room Cleaning

月　份 项　目	1月	2月	3月	4月	5月	6月	7月	8月	9月	10月	11月	12月
擦套房铜器												
擦阳台玻璃												
清洁空调网												
房号牌擦铜												
擦梳妆镜铜耳												
清洁电话												
清洁墙纸												
清洁冰箱												
吸灯罩浮尘												
吸客舱房内边角灰尘												
客舱房内家具打蜡												
刷坐便器污渍												
洗浴缸墙壁												
洗阳台												
翻床垫												
清洁出风口												
清洁电线板												
清洁浴缸污渍												
清洁卫生间地面												
注：主管将计划完成的日期填在规定的格子里即可，注意保存。												

二、中期计划性卫生的安排

中期计划性卫生,是指 1 个月以上或 6 个月以内为一个清洁周期的计划性卫生项目。例如,软墙面的清洁,座椅的坐垫、靠背的清洗,木制椅子扶手的打蜡,床垫的翻转,金属器具的除锈保养,家具的打蜡保养,空调新风口的除尘,地毯的干洗,窗帘轨、墙面和天花板的除尘等。

中期计划性卫生的大多数项目是由邮轮客舱服务员来完成的,也有部分项目如地毯、墙布的清洗需要相应的技术设备与专业的技术人员才能完成,一般由邮轮公共区域清洁员来完成。公共区域清洁员必须根据整个邮轮的客情变化,结合邮轮客舱部的实际情况灵活安排。比如,地毯和墙布的清洗,在必要的情况下也可分片进行。

三、长期计划性卫生的安排

长期计划性卫生,通常是指循环周期在 6 个月到 1 年的卫生项目。例如,厚窗帘、被子、床裙、褥垫的清洗,地毯的彻底性抽洗等。

长期计划性卫生大多数是房内装饰棉织品、客用棉织品的洗涤,一般主要由洗衣厂承担。长期计划性卫生由于时间跨度大,很难具体确定下来,可以根据具体情况灵活选择时间和方式。如,每年选择旅游淡季的月份进行;如果全年接待任务都非常紧张,也可以逐个客舱楼层进行安排。

四、季节性大扫除或年度大扫除

此类大扫除几乎在淡季,对所有邮轮客舱的家具、设备和床上用品进行全面清洁保养。因所需时间较长,需要邮轮前台和邮轮销售部门积极给予配合,对所选楼层实行封闭,工程部维修人员利用此机会对设施设备进行全面检查和维修保养。

擦拭顶灯

Wipe Ceiling Light

空调出风口清洁

Air-conditioning Cleaning

任务三 | 熟悉客舱计划性卫生的注意事项

邮轮的计划性卫生涉及的作业面范围较广,在实施时也需要注意一些问题。

一、准备好清洁用具

进行计划性卫生所用的工具,包括清洁剂、刷子、干湿抹布、安全带等。具体用具要根据日常安排的项目来确定。

二、注意安全

邮轮客舱卫生的计划性大清洁工作,如清洁天花板、门窗玻璃,均以高空作业为主,站在窗台上擦外层玻璃要系好安全带。清扫天花板墙角或灯管,要用人字梯或凳子。在做以上工作时,要注意安全,防止意外事故发生。

三、保证质量

邮轮客舱某一部分的计划性卫生间隔时间较长,清扫时必须保证质量,如邮轮客舱的墙围、门窗玻璃、外檐等处。

××邮轮客舱大清洁项目及要求
Extensive Cleaning for Cabin Guest Rooms and It's Requirements

项　目	要　求
1.撤洗窗帘、浴帘、被套、床罩	• 将纱窗帘、厚窗帘、浴帘撤下 • 注意检查窗帘挂钩有无损坏
2.撤下被套、保护垫、翻转床垫	• 将床垫按顺序翻转,擦净床脚 • 更换保护垫 • 翻转床垫
3.擦拭窗户玻璃、窗轨及窗锁、门轴上油	• 用玻璃清洁剂擦拭窗户玻璃,并用玻璃刮刮干净 • 用湿抹布擦干净窗轨、窗框 • 给窗锁、门轴上机油,将窗户关上
4.擦拭电线、电插座、电话机、电视机	• 用湿抹布将电线、电插座擦干净 • 用酒精棉球擦拭电话机、电视机

（续表）

项　目	要　求
5.清洁客舱房内的墙纸、地毯、天花板、出风口、挂画、灯罩、冰箱	● 先将烟感器擦干净,将空调出风口取出并拿到卫生间冲洗 ● 用吸尘器管吸天花板和死角蜘蛛网 ● 将挂画、灯罩擦干净 ● 用指定稀释的清洁剂擦拭污染的墙纸,再用抹布抹干 ● 用清水或地毯水对地毯进行局部清洁
6.客舱房内家具抹尘、打蜡	● 抹尘时要注意死角位置 ● 家具打蜡时,要将蜡水喷洒均匀,用量适度 ● 家具搬动后要按原状恢复
7.清洁卫生间的抽风机、金属龙头、浴帘杆等小五金、水箱、洁具	● 用清洁剂将卫生间内的小五金清洗干净,然后用干抹布抹干、擦亮 ● 使用专用清洁工具和清洁剂刷洗坐便器,清除水箱内水垢,清洁外部污垢 ● 用适当的酸性清洁剂清洁面盆、浴缸下水口黄渍、浴缸防滑垫,并将卫生间内各边角的白胶刷洗干净 ● 用清水冲洗洁具
8.清洁卫生间的墙壁、镜子、大理石台面、卫生间地板	● 先用规定的清洁剂和工具擦洗卫生间墙壁四周,最后用水冲洗 ● 用同样的方法将云石台面洗净 ● 用玻璃清洁剂将卫生间镜面刮洗干净 ● 用指定的清洁剂擦洗地面,然后用水冲净
9.抹干卫生间所有设施	● 用干抹布按顺序将卫生间四周墙壁、门板、洁具、地面擦干净 ● 用干抹布再将卫生间金属器件擦净
10.铺床	● 将床铺整理好
11.吸尘、补充物品	● 将家具、床搬开吸尘,最后吸卫生间地面的灰尘 ● 补充所有客舱房内、卫生间物品

想一想
Think It

　　通过学习,请你想一下,邮轮客舱计划性卫生还应注意哪些事项? 方案是怎样的? 请列举一下。

邮轮公共区域卫生清洁保养程序和标准　项目五

Procedures and Standards Cleaning of Cruise Public Area　Task Five

本项目数字化资源

　　邮轮公共区域（Cruise Public Area，简称CPA）是指除邮轮客舱和厨房以外的邮轮范围内的公众共享、共有的区域。通常，习惯上把邮轮公共区域分为室外和室内两个部分。邮轮室外公共区域又称为邮轮外围，包括花园、外墙、停车场及前后门广场等。邮轮室内公共区域又分为前部区域和后部区域两个部分：前部区域是专供宾客活动的场所，如前台、客用电梯、邮轮餐厅和酒吧、客用卫生间、娱乐区域、会议室等；后部区域即为邮轮员工划出的工作和生活区域，如行政办公区域、邮轮员工餐厅、培训教室、员工更衣室、员工宿舍、员工浴室、员工活动室等区域。邮轮客舱部一般都设有公共卫生岗位，专门负责邮轮公共区域的清洁保养及绿化养护工作。

　　邮轮公共区域是邮轮对客服务的重要组成部分。邮轮公共区域的清洁保养直接影响着宾客对邮轮整体经营区域的第一印象，宾客往往在邮轮公共区域停留的时间很长，并将其作为对整个邮轮档次、管理水平、服务质量的衡量标准之一。

　　另外，邮轮公共区域的设施设备很多，投资较大，其清洁保养工作直接影响到邮轮的日常运营以及设施设备的使用寿命。因此，做好邮轮公共区域的清洁保养工作有着特别重要的意义。

任务一 熟悉邮轮中央大厅的清洁保养工作

邮轮中央大厅也称为邮轮购物街或游客综合服务区域,几乎是 24 h 开放,需要邮轮公共区域清洁员日夜不停地对其进行清洁保养。大量的船上游客在此区域短暂停留,所以邮轮中央大厅环境的好坏又会给每一位新来邮轮的宾客留下至关重要的第一印象。

一、邮轮中央大厅日常的清洁保养

在准备清洁邮轮中央大厅卫生前,邮轮公共区域服务员应当准备好当班的各种清洁设备、用品、清洁剂和需补充的客用品,检查清洁设备是否正常工作。通常负责邮轮中央大厅公共区域的清洁员,必须做好以下三件事:除尘、倒垃圾和整理公共座位。如果邮轮中央大厅有水池,还应随时清除池中的垃圾或杂物。邮轮公共区域服务员也是不断重复地做着上述工作。一些在宾客活动高峰期间不便做的工作,通常安排在宾客活动较少的夜晚或清晨进行,如吸尘、清洁立式烟灰筒、清洁公共区域家具、抛光打蜡、设备维修、墙面去渍等。

邮轮中央大厅公共区域
Central Hall Area in Cruise

二、邮轮中央大厅每周一次的计划性卫生

(1)彻底清洁邮轮前台(邮轮接待台)区域的卫生。

(2)对有地毯的区域进行彻底清洗。

(3)清洁电话间和对电话进行消毒。

(4)对所有木质家具打蜡上光。

(5)对天花板和空调通风口进行除尘。

(6)对踢脚线彻底吸尘。

(7)对邮轮中央大厅地面进行打磨抛光或结晶处理。

(8)擦拭大门的玻璃和门框上方。

(9)清理邮轮中央大厅各处死角的卫生。

(10)擦拭应急灯等消防设备。

三、邮轮中央大厅清洁保养的注意事项

(1)在对邮轮中央大厅清洁的操作过程中,应根据实际情况,邮轮宾客进出频繁和容易脏污的区域要重点拖擦,并增加拖擦次数。在清洁过程中,应适当避开宾客停留的区域,待宾客离散后再予以补做。

(2)邮轮中央大厅的地面多为大理石、花岗岩、水磨石、聚氯乙烯地板材、橡胶类地板材、瓷砖或地毯等材质,邮轮公共区域服务员可根据不同材料的清洁保养方法进行清洁。

(3)对不锈钢、铝合金或铜制金属等装饰物进行清洁保养时,应注意此类装饰物容易受腐蚀,擦拭时要选用专用清洁剂、保护剂,不能留下任何划痕。

任务二 了解邮轮客用电梯的清洁保养程序

在邮轮中电梯的使用是最频繁的,所以需要经常清理。邮轮电梯一般有客用电梯、行李电梯、货运电梯及员工电梯几种,其中以客用电梯的清洁最为重要,要求也最为严格。

(1)清洁客用电梯时,尽量要停靠在宾客进出较少的楼层,以免影响宾客使用和增加噪声。

(2)电梯轿厢内玻璃和镜面可以用玻璃清洁剂进行擦拭。

(3)对电梯的不锈钢门和框进行抹尘和抛光。

(4)对电梯轿厢内的墙面进行抹尘和除污。

(5)对电梯按钮和楼层指示钮要用酒精进行擦拭和消毒,发现字迹不清或缺少时,要及时让工程部更换或补充。

（6）擦拭电梯内的广告箱牌。

（7）对电梯内的地毯进行吸尘,对石材地面进行擦拭或抛光处理。

邮轮客用电梯的清洁保养

Elevator Cleaning in Cruise

任务三 | 熟悉邮轮公共卫生间的清洁保养程序

一、邮轮公共卫生间日常清洁程序

（1）将所有卫生间垃圾桶内的垃圾清理干净,换上干净的垃圾袋。

（2）检查卫生间内的设备有无损坏,如有应及时报修。

（3）将卫生间内的镜面和镀铬件擦亮。

（4）抹净台面、地面及恭桶上的水迹。

（5）卫生间内的自动喷洒式空气清新剂,如果用完要及时补充。

（6）补充用品,如小方巾、面巾纸、洗手液、卫生卷纸、梳子等,也可视情况替换盆景或鲜花。

二、邮轮公共卫生间大清洁的程序

（1）将所有公共卫生间垃圾桶内的垃圾清理干净,换上干净的垃圾袋。

（2）检查卫生间内的灯具和换气扇是否正常工作。

（3）倒入适量的清洁剂,放水冲洗坐便器等。

（4）清洁洗手盆,不要留下水迹。

（5）对卫生间内高处的物体或表面进行彻底清洁。

（6）擦亮卫生间内的镜面和金属器件。

（7）清洗恭桶。保持恭桶座圈、盖板、外壁、水箱清洁干净。

（8）配齐物品，如小方巾、面巾纸、洗手液、卫生卷纸、梳子等，女用卫生间还应配好卫生清洁袋。

（9）擦净地面，使地面无水迹、无污痕。

（10）将卫生间内的空气清新剂表层清洁干净。

三、邮轮公共卫生间清洁的注意事项

（1）邮轮公共区域服务人员要注意自身的保护，在作业前应戴好防护手套或口罩，预防细菌感染，防止清洁剂伤及皮肤；中间休息或工作完毕后，应使用药用肥皂洗手。

（2）清洁卫生间应使用专用的设备用品，使用后应定期消毒，与其他清扫器具分开保管。

（3）作业时，门外要竖立"清洁进行中"的牌子；现场要竖立"小心地滑"的告示牌，以便宾客注意并予以配合。

（4）注意卫生间的通风，按规定开关换气扇或窗户。

（5）大型豪华邮轮的公共洗手间，除了做好清洁保养工作外，还可以配备专职公共洗手间邮轮公共区域服务员，为宾客提供更周到的服务。邮轮公共区域服务员见到宾客时，要主动向宾客问好；宾客用过的坐便器应及时冲洗干净；当宾客洗手时，为宾客打开水龙头、调好水温，并向宾客提供洗手液，宾客洗完手后应及时递上小毛巾；当宾客离开时帮助其拉门，使用适当的道别语言。

邮轮公共卫生间清洁

Cleaning of Public Washroom

放置标牌

Placing Signs

任务四 | 熟悉邮轮餐厅的清洁保养

一、邮轮餐厅清洁保养的工作程序

邮轮餐厅一般分为自助餐厅、豪华宴会厅、特色餐厅(如意大利餐厅、法式餐厅等)。邮轮公共区域清洁员也要负责该区域的清洁保养工作。每日具体的清洁保养工作如下：

(1)准备好工作所需的各种清洁设备,并查看设备是否正常,清洁工具和清洁剂是否齐全。

(2)在邮轮餐厅地面吸尘之前,应先将每张餐桌周围较大的食物碎块捡去,以免损坏吸尘器,再对餐桌周围进行吸尘,并利用吸尘器的附件——扫尘刷,吸除餐椅上残留的碎屑、灰尘和食物碎块。

(3)用湿抹布蘸取多功能清洁剂,擦洗窗台或其他物体的表面、餐桌台柱、金属表面、通风口等。

(4)用适当的清洁剂清洗座位、墙面卫生。

(5)擦净邮轮餐厅内的柜台和吧台台面。

(6)对电话机进行清洁和消毒。

(7)对邮轮餐厅的椅子进行去尘和擦亮;

(8)将吧台区域的搁脚横条和金属装饰擦净、擦亮。

二、邮轮餐厅清洁保养的注意事项

(1)每次邮轮餐厅营业结束后,在确认已无宾客继续用餐的情况下,邮轮公共区域清洁员方可进入邮轮餐厅区域内进行清洁保养工作。

(2)吸尘前,要先将地面的较大块碎屑、牙签等捡拾干净,以免损坏吸尘器。在吸地毯时,要特别注意餐桌周围和桌椅下面的情况。

(3)每次邮轮餐厅营业结束后,餐椅上都会留下用餐者的手印,椅腿上容易留下油迹等,清洁员要及时进行擦拭。

(4)餐桌附近的墙面,在宾客用餐时极易洒上菜汁等,因此每次用餐后都要及时进行擦拭。

(5)对墙面上的纤维织物,用肩背式吸尘器的缝管进行吸尘。

(6)及时去除备餐柜台和餐厅吧台上洒下的饮料等,这两个台面要始终保持干净。

邮轮餐厅

Cruise Restaurants

任务五 了解邮轮走廊和通道等公共区域清洁保养程序

（1）走廊、通道地面要保持干净，要不停地进行循环清扫，物件要摆放好。

（2）立式垃圾筒内的垃圾要及时清理，表面擦拭干净后按原位摆放好。

（3）按顺序依次擦拭窗台、窗、墙壁饰物开关盒、镜面、消火栓内外、标牌、踢脚线等。

（4）在夜间要对走廊、通道、甲板区域的地面进行全面清洗，并打蜡。

（5）每个班次工作结束前，要把垃圾集中清理到邮轮指定的垃圾存放地点。

其他邮轮公共区域如歌舞厅、桑拿浴室、邮轮商场、乒乓球室、甲板上运动区等区域，其日常清洁工作一般由各营业点自行承担。也可由邮轮客舱部的公共区域清洁员协助其彻底进行清洁保养等事宜。

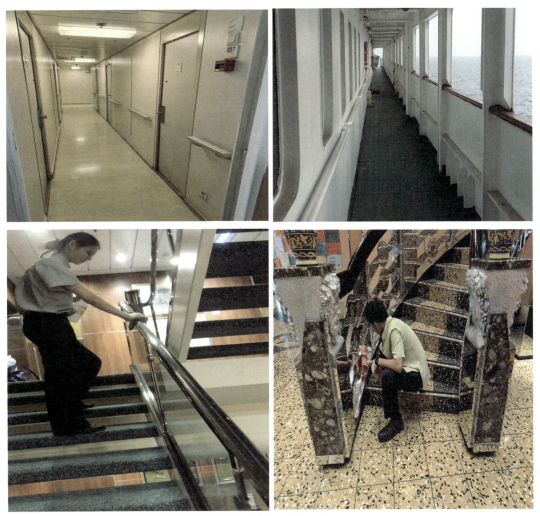

邮轮走廊和楼梯清洁

Corridors and Stairs Cleaning in Cruise

项目六 Task Six

邮轮地面和墙面的清洁保养

Cleaning and Maintenance of Cruise Ship Floors and Walls

邮轮在建造过程中将大量资金用于地面和墙面材料的选购和铺设方面。邮轮客舱部又将大部分的时间、人力和财力用于地面与墙面的清洁保养方面。之所以如此，是因为地面和墙面的装潢如何、清洁保养的好坏，都直接反映了邮轮的档次和管理水平的高低。对地面及墙面材料进行必要的了解，以及选用恰当的材料和清洁保养方法是每个从事邮轮客舱公共区域工作的人员所应掌握的一门技能。

任务一 熟悉不同地面的清洁保养

一、水磨石地面

水磨石地面清洁保养的方法及注意事项如下：

（1）使用水磨石地面前应彻底打蜡，一般可以先施以丙烯酸酯涂料起保护作用，再打上水性蜡，以利于日常清洁与防滑。

（2）水磨石地面必须每天除尘，去除那些磨损地面的沙砾。

（3）定期对水磨石地面进行抛光。抛光时，应使用合成纤维垫，不能用钢丝绒，因为钢丝绒屑容易损坏地面，并将锈斑留在水磨石表面上。

（4）不能使用带油的拖布清洁地面，因为水磨石地面一旦沾上油脂，就很难去掉。

二、大理石地面

大理石分为天然大理石和人造大理石。天然大理石是石灰岩经过地壳内高温高压作用形成的变质岩,其主要成分的50%以上为碳酸钙,属于中硬材料,主要用于邮轮中央大厅的地面和高档豪华邮轮客舱卫生间的地面。由于大理石中的碳酸钙在大气中受二氧化碳、硫化物、水汽的作用易风化和腐蚀,使大理石表面失去光泽,故大理石不宜用作室外地面材料。

人造大理石表面光洁度很高,其花色或模仿天然大理石、花岗岩或自行设计,均很美观、大方,富有装饰性,具有良好的耐久性、可加工性。人造大理石表面抗油污性能也很好,对醋、酱油、食用油、鞋油、口红、红墨水、蓝墨水、红药水、紫药水等都不着色或着色很轻微,碘酒痕可用酒精擦去。由于其价格明显低于天然大理石的价格,所以人造大理石已被邮轮广泛使用。

1.日常清洁

先用扫帚扫除地面脏屑,后用拖把或排拖(视被清洗场地面积的大小而定)进行除尘。由于牵尘剂的作用,清洗后的地面光亮无灰尘。也可使用吸尘器进行日常清洁,其优点是省时省力。但由于邮轮中央大厅大理石地面需要不断地除尘清洁,吸尘器噪声太大,所以常规清洁仍使用拖把和排拖。一些豪华饭店严格的管理者要求每晚必须用磨光机对大理石地面进行一遍磨光,可使地面光亮如新。

大理石地面清洁(结晶处理)

Marble Floor Cleaning (Crystalline)

2.定期清洁

邮轮一般都规定清洗大理石地面的周期，主要视地面脏的程度而定，目的是清洗掉地面上较深的脏垢和用拖把无法清理的脏迹。清洗地面前要将所有物件搬离，做好一切准备工作，通常在晚上11：00后进行。将稀释好的清洗液倒入洗地机内，开机操作，从后向前行进，按直线行走，这样可避免遗漏，同时打开吸水机开关，边擦洗边吸除污水。对于洗地机无法洗到的地方，可将拖把浸入清洁液拧干后擦洗或人工用海绵擦洗。然后按同样的方法用清水再洗一遍，吸干水分即为完成。

3.打蜡

对大理石地面进行打蜡是保护面层的最佳方法，既美观又可以延长使用寿命。这是一项技术要求极高的工作，由经过专门训练的人员负责，方能保证其效果。

4.晶面处理

晶面处理即通过机械将化学试剂加热浓缩并压缩成结晶膜铺在地面上，这层透明的无色薄膜光亮、坚固。

打蜡对于石质地面有较好的保护作用，但对于鞋底及沙砾等硬物则难以抵御，而且蜡层会随着日常的清洁和磨损而消失。晶面处理弥补了普通打蜡的不足，它可使石质地面变得更平滑、光洁，保护石质地面不受任何酸碱物质的侵蚀，抵御坚硬物质的磨损，使地面历久弥新。

三、木质地板

邮轮上的木质地板多数由山毛榉树、白桦树、山胡桃树、枫树、柚木树和胡桃树的木材制成，一般用于邮轮的走廊、健身房、个别甲板区域、舞池、邮轮餐厅等区域。木质地板有弹性，舒适度好，美观。对于木质地板来说，最大的敌人是潮湿。潮湿会使木材弯曲，但湿度太小，木质地板又会收缩、开裂。

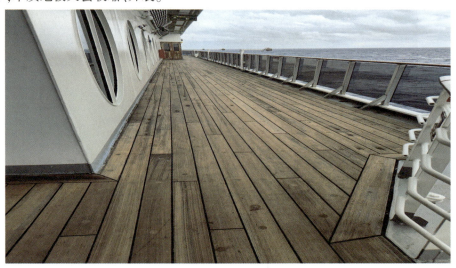

木质地板区域

Wood Floor Area

木质地面清洁保养的方法及注意事项如下：

（1）在铺设木质地板区域的出入口处铺放地毯或蹭鞋垫，以减少宾客的鞋子对地板造成的伤害。

（2）避免用水拖把擦拖地面，更不能用水泼洒地面，木质地板遇水后会发生变形，出现松脱和开裂的现象。

（3）用喷上静电水的拖把除尘或用尘推推尘，也可使用吸尘器吸尘，保持地面光亮无灰尘。

（4）天气潮湿时，要注意做好通风工作。

（5）避免翻刨地板面，否则会使木板变薄，也不符合使用的要求。

（6）避免将过重的尖锐金属物在地板上面推拉。

四、地毯

邮轮上公共区域的地毯由于具有美观、舒适、安全、保温和降低噪声等诸多优点而成为邮轮常用的地面材料之一，尤其是在公共对客服务区域，使用比例非常高。根据制作地毯的材料划分，地毯主要有羊毛地毯、化纤地毯和混纺地毯三种。羊毛地毯即纯毛地毯，它以粗绵羊毛为主要材料，具有弹性大、拉力强、光泽好的优点，是高档的地面铺设材料。化纤地毯是以聚丙烯纤维（丙纶）、聚丙烯腈纤维（腈纶）、聚酯纤维（涤纶）、聚酰胺纤维（锦纶、尼龙）等化学合成纤维为原料，经机织或栽绒等方法加工成面层织物后，再与背衬进行复合处理而制成；化纤地毯抗拉度、抗湿性、抗皱性及耐磨性较好，色彩也很鲜艳。但化纤地毯的弹性较差，易起球、起静电，毯面的舒适感、滑爽感较差。混纺地毯就是将两种或两种以上的纤维按一定比例混合，组成新的纤维后再纺织而成的地毯。由于羊毛纤维和化学纤维各自存在优点和不足，若将两者按比例混合在一起，便可扬长避短了。

一般来说，邮轮会根据不同的档次、投资额大小、不同营业区域的特殊要求、邮轮客源定位、结构与层次以及是否便于清洁保养等因素，来选购不同材质、色泽、图案、弹性密度及耐磨度的地毯。

1.采取预防性清洁保养措施

地毯污渍一般都来自室外。因为环境因素、天气变化的影响，大量的灰尘、水都会通过各种载体被带入邮轮的服务和生活区域。因此，为了节约清洁保养的时间和费用，降低成本支出，邮轮可以采取一系列的预防性清洁保养的措施。

首先，在邮轮登船、离船的区域铺设防尘地垫，堵住污染源头。

其次，可以采用二级方法减少污染物进入室内：第一级采用7 m长的PVC镂空式沉垢地垫；第二级则采用3 m长的尘埃、水分去除棉垫。第二级方法对室外泥、沙的控制率可达到60%左右。

再次，在邮轮前后台交接处和重要通道处，如邮轮餐厅和厨房的连接处、员工邮轮餐厅和船员宿舍区域门口、靠近楼梯口的地面等处，铺设防尘、防水、防油地垫，防止将污渍带入邮轮对客服务区域。

另外，要达到理想的清洁效果，一定要采用由高品质尼龙纤维和高品质棉制造的专业防尘地垫，同时应加强对防尘、地热的管理，也要及时做好吸尘工作。

最后，邮轮在建筑设计时，应事先考虑好铺设防尘地垫的位置，根据防尘地垫的厚度、尺寸，预留出地垫槽，使其在铺设后与地面持平，也可防止防尘垫的滑动。

2.制订并实施清洁保养计划

地毯不同于石质地面、木板地面和其他弹性地面，它是三维地面，除了长和宽以外，还有深浅。地毯的表面由众多的单独纤维或毛线组成，每一纤维又有其本身的表面，所以地毯有比平整地面更大的受污染面积，并且污渍可渗入地毯的第三维深处，使得地毯表面能够黏附更多的污垢。

不同种类的地毯有不同的清洁方法和清洁周期。要妥善保养好地毯，必须具备良好的专业知识，制订并认真实施一个完整的清洁保养计划。

（1）日常清洁保养

地毯的日常清洁保养工作主要包括两个方面：

①吸尘

吸尘是保养地毯最基本、最有效和最经济的方法。污染物在地毯上的积聚分三个层次：上面一层是轻一点的污物，如灰尘、有黏性的糖和油性污物；中间一层是稍重些的灰尘颗粒和有机物；底层是最重的颗粒。当人来人往时，由于摩擦使地毯纤维与沙砾之间做切割运动，从而割断地毯纤维，使地毯逐渐失去弹性。

因此，要彻底吸净地毯纤维底部的泥沙，最好选用直立式吸尘器。这种吸尘器桶体与吸把连在一起，吸盘面积大、吸力强，其内装一组滚刷能进入地毯纤维，作用于地毯纤维的各个部位，做到深度清洁，使地毯纤维得到梳理，操作方便又省力，所以清洁效果比单纯吸尘（即用吸力式吸尘器吸尘）要好。

吸尘频率可以根据客流量而定。一般来说，邮轮客舱及走廊应每天吸尘一次；邮轮各个餐厅每次营业结束后吸尘一次；电梯厅及轿厢、酒吧、娱乐区等客流量大的区域，每天吸尘两到三次；遇到雨天，则应适当增加吸尘的次数，因为地毯湿度越大、温度越高，就越容易滋生霉菌和蛀虫。

②及时去除污渍

地毯极易受污染，当污渍产生时，去除它并不难（最佳去渍时间在6 h以内），但若污渍侵蚀时间过久，污渍就会变干或渗入地毯根部，形成陈旧性的污渍，此时要想彻底清除就非常困难了。

邮轮常见的地毯污渍可分为三类：水溶性污渍、油溶性污渍和特殊污渍。水溶性污渍主要由茶、果汁等污染物所引起；油溶性污渍则主要是由动植物油、工业油、鞋油等污染物形成的；口香糖、烟焦油、油漆渍等则属于特殊污渍。

在平时的地毯保养中，应正确区分各类污渍，结合实践经验，使用不同的去污产品和方法，加以针对性处理。一般对水溶性污渍可用地毯除渍剂除渍，油溶性污渍可用化油剂除渍，口香糖可用口香糖除渍剂。在地毯去渍时，如果没有把握，可先在地毯角落等不显眼处试用，以免地毯出现大面积褪色、缩水、腐蚀等现象。

如果地毯的日常保养工作做得好，一方面可以保证地毯光洁如新，及时恢复纤维弹性，常保地毯柔软舒适；另一方面也可以大大减少地毯洗涤的次数，节省人力、物力和财力。

（2）中期清洁保养

对日常吸尘无法去掉的黏附性较强的残留物和已经黏在地毯上的干燥颗粒，可以采用中期清洁保养的方法进行清洁。中期清洁保养的方法有高泡清洁法、毛套清洁法及干粉清洁法等。

目前邮轮普遍采用高泡清洁法来对地毯进行中期清洁保养。高泡清洁法即地毯干泡洗涤剂经电子打泡箱高速打泡后,泡沫通过刷盘中央孔流到地毯上,然后依靠旋转刷的作用,轻轻推入到地毯纤维中间,高泡中的活性剂将污垢微粒团团包围起来,并且把它们从地毯纤维上拉出来,由于浮力作用,脱离纤维的污垢微粒和已干的结晶泡沫残留物上升到地毯表面。地毯干燥通常需要 4 h 左右,待地毯完全干透后,用直立式吸尘器吸除污垢和高泡的残留物。高泡清洁法的特点是干得快,又不刺激对水敏感的地毯纤维,适用于自然纤维类地毯,可以起到防潮和防霉变的作用。

（3）彻底清洁保养

灰尘一旦在地毯纤维深处沉积,必须采用抽洗的方法进行深层清洁,使地毯恢复原有的洁净。

①地毯抽洗

操作程序如下:先用直立式吸尘器全面彻底吸尘,再去除地毯表面点污渍,接着对严重的大块污渍预喷清洁剂,作用 10 ~ 15 min 后,使污渍脱离地毯纤维,然后用热水或加有清洁剂的热水(约 60 ℃,清洗羊毛地毯水温最高不超过 30 ℃)通过微型喷嘴喷到地毯上,并及时用吸水机吸干污水。为了加快地毯干燥,保证其尽快投入使用,可用涡轮式地毯风机吹干地毯。这样地毯纤维就从上到下完成了一次抽洗清洁。

每次彻底清洗后,必须让地毯干透,地毯未干透前不可直接在上面走动。对营业区无法进行封闭的,可在地毯上铺上旧台布或旧床单,以保证营业的正常进行。所以地毯清洁时间安排应尽量以不妨碍营业为主。

②补位

地毯干燥后,应做好以下补位工作:吸尘;对未去除的污渍再次去渍;地毯烟洞的修补;对再次去渍后仍有残留的污渍建立地毯清洁保养档案。

虽然抽洗方法清洁得十分彻底,但洗后地毯湿度比较大,容易黏附污渍,如未彻底干燥,易导致霉菌和其他细菌的滋生,地毯也可能因此缩小或变形,出现接缝处开裂等情况。所以,这种洗涤方法不宜常用,在一般情况下,6 个月或 1 年使用一次。一般中期清洁和长期清洁次数的比例为 3∶1。

地毯清洁（高泡清洗）
Carpet Cleaning（High Foam Cleaning）

做一做
Do It

　　学习后,请你自己操作不同类型的地毯清洗机,进行一次地毯的清洗。(此项练习,需在实景场地或实训教室演练场地进行)

任务二 了解不同墙面的清洁保养

　　邮轮墙面一般按材料的不同主要分为:瓷砖墙面、大理石墙面、玻璃墙面、木质墙面、墙纸、涂料墙面等。

一、瓷砖墙面

　　用于墙面的瓷砖一般都上有釉,并且花色图案多样,常用于浴室、厨房及邮轮客舱卫生间。由于瓷砖表面主要是灰尘,日常清洁可以用中性清洁剂擦拭,也可以用水冲洗,然后用软布抹干。

二、大理石墙面

　　大理石颜色多样,磨光后美观、大方、耐用、易清洁,是邮轮的高级装饰材料。大理石除了可用于地面装饰以外,还可作为邮轮前厅等地的墙面装饰。大理石墙面的保养同大理石地面的保养基本相同。需要注意的是,勿用摩擦清洁剂、钢丝绒或酸性清洁剂清洁。日常保养方法是每天掸去表面的浮灰,定期用喷淋蜡水清洁。

三、玻璃墙面

　　玻璃是一种易碎的材料,主要用石英砂制成。通过特殊的工艺制成的结实、强韧的玻璃可以用作玻璃墙面,常被用于邮轮客舱、邮轮餐厅、游泳池区域、桑拿区域的墙面。使用玻璃墙面,可以扩大房间内部的视野,保证房间充足的光线。玻璃墙面的清洁方法如下:
　　(1)按使用说明要求的比例在提桶内配置好玻璃清洁剂溶液。
　　(2)用玻璃抹水器蘸上玻璃清洁剂溶液从上部开始不断地从左至右擦洗,然后反过来从右到左,一直往下擦洗到底部。横向擦洗之后,再从左边起上下擦洗直至右边。大块玻璃则将玻璃抹水器伸缩杆拉长,按在玻璃顶端从上往下垂直擦洗。

（3）用玻璃刮水器将玻璃上的玻璃清洁剂溶液刮净。刮时应注意及时用抹布除去刮把上的水分。

（4）如仍有斑迹，可在局部用玻璃清洁剂溶液重新擦洗，也可用小铲刀或剃须刀片轻轻刮去，注意不可刮伤玻璃表面。

四、木质墙面

木质墙面中有微薄木贴面板和木纹人造板两种，常被用于邮轮中央大厅、会议室、邮轮餐厅、邮轮桑拿区域、邮轮客舱做装饰。木质墙面平时可用干的抹布除尘、除垢，定期上家具蜡，可减轻清洁强度，如有破损处，可以由维修人员修复或上漆。

五、墙纸

墙纸是目前应用最广的墙面饰材，主要用于邮轮客舱、会议室和一些邮轮餐厅。所有墙纸墙面的正常保养是定期对墙面进行吸尘清洁，将吸尘器换上专用吸头即可。日常发现特殊的脏迹要及时擦除。墙纸的清洁方法是：耐水墙纸可用中、弱碱性清洁剂和毛巾或牙刷擦洗，洗后用干毛巾吸干即可；不耐水墙纸可用干擦法，如可用橡皮等擦拭，或用毛巾蘸些清洁液拧干后轻擦。总之，要及时清除污垢，否则时间一长即会留下永久斑迹。

六、涂料墙面

涂料可分为溶剂性涂料、水溶性涂料和乳胶漆涂料。溶剂型涂料生成的涂膜细而坚韧，有一定耐水性；缺点是有机溶剂较贵、易燃，挥发后有损于人体健康。水溶性涂料是以水溶性合成树脂为主要成膜物质，会脱粉。乳胶漆涂料是将合成树脂以极细微粒分散于水中构成乳液（加适量乳化剂），作为主要成膜物质，其效果介于溶剂性涂料与水溶性涂料之间，其色泽千变万化，价格较低，不易燃，无毒无怪味，也有一定的透气性；缺点是天气过分潮湿时会发霉。这种墙料因施工简单，色彩变化大，邮轮客舱仍可使用，若每年粉刷一次，会有意想不到的效果。

涂料墙面的日常清洁是掸尘。墙面一出现霉点即用干毛巾擦拭。橡皮是较好的除斑用具，但需要掌握技巧，否则同样会留下擦痕。

瓷砖墙面
Tiles Wall

大理石墙面
Marble Wall

玻璃墙面

Glass Wall

木质墙面

Wooden Wall

墙纸

Wall Paper

涂料墙面

Paint Wall

清洁设备和清洁药液的使用 项目七

Cleaning Equipment and Use of Detergent
Task Seven

本项目数字化资源

任务一 | 熟悉清洁设备

一、清洁设备的分类

必要的清洁设备是提高清洁服务质量和效率的保证。邮轮公共区域所用的清洁设备种类很多,从广义上讲,是指从事清洁工作时所使用的任何器具,既有手工操作的简单工具,也有电机驱动的特殊机器。为了便于使用和管理清洁设备,可把清洁设备分为两大类:一般清洁器具和机器清洁器具。

1.一般清洁器具

一般清洁器具包括手工操作和不需要电机驱动的清洁器具,主要有:

(1)扫帚。扫帚主要用于扫除地面那些较大的、吸尘器无法吸走的碎片和脏物。根据其用途、形状和制作材料的不同,可以分为很多种。

(2)簸箕。簸箕用于撮起集中成堆的垃圾,然后再倒入垃圾容器的工具。簸箕可分为单手操作、三柱式和提合式三种。

(3)拖把。拖把是用布条束或毛线束安装在柄上的清洁工具。现在大多数装有环扣以免束带脱落,而且都用尼龙绳制成,以避免发霉和腐烂。所有的拖把头都可以拆卸,以便换洗。拖把较适用于干燥平滑的地面,其尺寸大小取决于地面和家具陈设等。

(4)尘拖。尘拖也称万向地拖,是拖把的升级款。尘拖由两个部分构成:尘拖头、尘拖架,尘拖头有棉类和纸类两种。尘拖主要用于光滑地面的清洁保养工作,它可将地面的沙砾、尘土等带走以减轻磨损。为了使尘拖使用效果更好,往往还要蘸上一些牵尘剂或选用可产生静电的合成纤维制作的推尘头。尘拖头的规格应根据地面的情况而选用。尘拖头必须经常换洗以保证清洁效果和延长其使用寿命。用牵尘剂浸泡过的棉类尘拖头,除尘效果更好。

（5）清洁工作车。清洁工作车是邮轮公共区域服务员清洁保养时用来运载物品的工具车。有的邮轮还配备了不同类型的工作车,如:为运送垃圾桶而设计的辘轴车;用于搬运箱子的手推车;用于运输大件物品的钢制、木制的平台车(也称平板车)。

（6）玻璃清洁器。擦玻璃是邮轮客舱、邮轮公共区域服务员都要做的一项费时费力的工作,如果使用玻璃清洁器则可提高工作效率,而且玻璃清洁器安全可靠、简便易用。玻璃清洁器主要由长杆、"T"形把和其他配件构成。

清洁器具

Cleaning Utensils

2.机器清洁器具

机器清洁器具,一般指需要经过电机驱动的器具,如吸尘器、洗地毯机、吸水机、洗地机、高压喷水机、打蜡机等。在邮轮公共区域清洁过程中,使用的大部分机械都是电动机械,这是因为电动机械不污染环境,使用灵便,而且效率甚高。

（1）吸尘器。吸尘器全称为电动真空吸尘器,它是一个由电动机带动的吸风机,即利用马达推动扇叶,造成机身内部的低压(真空),通过管道将外界物品上附着的灰尘吸进机内集尘袋中,从而达到清洁的目的。

吸尘器的应用范围很广,包括清洁地板、家具、垫套和地毯等。吸尘器不但可以吸进其他清洁工具不能清除的灰尘,如缝隙、凹凸不平处、墙角以及形状各异的各种摆设上的灰尘,而且不会使灰尘扩散和飞扬,清洁程度和效果都比较理想。吸尘器是邮轮日常清扫中不可缺少的工具。

(2)洗地毯机。用洗地毯机工作效率高,省时省力,节水节电。洗地毯机的机身及配件由塑料、玻璃和不锈钢制成。洗地毯机一般采用真空抽吸法,脱水率在70%左右,地毯清洗后会很快干燥。洗地毯机可清洗纯羊毛、化纤、尼龙、植物纤维等材料制成的地毯。

(3)吸水机。吸水机有筒形和车厢形两种,机身由塑料或不锈钢材料制成,分为固定型和活动型两种。吸水机的功能是,用洗地毯机洗刷后,地毯表面比较干净,但洗刷后的污水及残渣仍深藏在地毯内部,地毯上容易形成脏污并失去弹性。如果用吸水机对刷洗后的地毯进行抽吸,任何顽固的残渣都能被彻底抽除,因为吸水机一般均装有两个真空泵,吸力特别大。

另外,还有吸尘吸水两用机,又称干湿两用吸尘器。此类机器既可用来吸尘,清理地板、家具等,又可用来吸水。

(4)洗地机。洗地机又称擦地吸水机,它具有擦洗机和吸水机的功能。洗地机装有双马达,集喷、擦、吸干于一体,可将擦地面的工作一步完成,适用于邮轮中央大厅、走廊、停车场等面积大的地方,是提高邮轮清洁卫生水平不可缺少的工具之一。

(5)高压喷水机。高压喷水机有冷水和热水两种设计,给水压力可高达2~7 m,一般用于垃圾房、外墙、停车场、游冰池等处的冲洗,也可以加入清洁剂使用。附有加热器的喷水机水温可高达沸点,故更适合于清除油污。

(6)打蜡机。打蜡机有单刷机、双刷机及三刷机,以单刷机使用最广。单刷机的速度分为慢速(120~175 r/min)、中速(175~300 r/min)、高速(300~500 r/min)和超高速(1 000 r/min),其中以慢速机和中速机较适合于擦洗地板用,高速机则用于打蜡及喷磨工作。

二、清洁设备的选择

清洁设备不仅影响邮轮的经济利益,而且是保障邮轮公共区域清洁卫生工作顺利进行的基本条件。公共区域清洁设备的管理也是邮轮客舱部管理的一个重要组成部分。

由于大多数清洁设备的使用周期长、投资比较大,并且清洁设备的选择是否得当关系到邮轮公共区域清洁保养的效果。因此,任何邮轮都应根据自己的等级和规模,以及清洁保养的要求来选择适当的清洁设备。选择清洁设备时的基本要求如下:

(1)方便和安全原则

清洁设备属于邮轮生产性和服务性的设备,其使用目的是提高工作效率和服务质量。因此,清洁设备的操作方法要简单、易于掌握,有利于员工的操作。同时,其要具有一定的机动性,便于清洁卫生的死角和最大限度地减小员工的体力消耗。安全是设备操作的基本要求。在选择和购买设备时,要考虑是否装有防止事故发生的各种装置,要选择安全系数高的设备。

(2)尺寸和重量

设备的尺寸和重量对其工作的效率和机动性的影响比较大,甚至还会影响清洁质量。如吸尘器在房间使用时以选择吸力式的设备为佳。

（3）使用寿命和设备保养要求

清洁设备的设计应便于其自身的清洁保养和要配有易损配件,这样会相应地减少机器的保养和维修,从而起到延长其使用寿命的作用。同时,设备应坚固耐用,设计上也要考虑偶尔使用不当时的保护措施。电动机功率应足以适应机器的连续运转并有超负荷的装置。

（4）动力源与噪声控制

邮轮公共区域要负责邮轮所有内部和外部公共区域的清扫工作,所以在选择清洁设备时,应考虑用电是否方便,据此确定是否选用带电瓶或燃油机的设备。同时,由于电动机的设计和传动方式等不同,其噪声大小也会有所不同。因此,针对邮轮公共区域的环境要求,应尽可能地选用噪声小的设备。

（5）单一功能和多功能

单一功能的清洁设备具有耐用和返修率低等特点,但会增加存放空间和资金占用。如果要减少机器件数,可选用多功能设备和相应的配件。但是多功能设备由于使用率高,返修率和修理难度也高,因此一定要解决好保养和维修等方面的问题。

（6）价格对比与商家信誉

价格比较不仅要看购买时的价格,还应包括售后服务的价格和零部件修配的可靠性等。质量上乘的产品往往来自一流的厂家和供应商,在购买前应对他们的信誉进行充分的了解。另外,机器设备的调试与试用等也是选择清洁设备时应考虑的前提因素。

三、清洁设备的保养与管理

为了使清洁设备在使用时达到正常的运行状态和清洁效果,机器设备的保养和管理工作就显得非常重要。

（1）建立设备档案

无论是邮轮专属设备还是公共区域清洁设备,都必须列入清单记录和其他相关信息,建立设备档案。这是做好邮轮公共区域清洁设备管理的基础。

（2）使用清洁设备前要严格培训

所有使用清洁设备的人员必须经过操作培训,知道什么时候应使用哪种设备,熟悉其操作方法和保养方式。

（3）分级归口,专人负责

建立设备档案后,邮轮客舱部应严格要求公共区域岗位按业务单元分级,划片包干,按种类归口,将清洁设备的管理者和使用者层层落实,谁使用谁保管。价格昂贵的大型机器设备必须由责任心强的人员专门负责和操作,不能让其他人随意使用。

吸尘器

Vacuum Cleaner

吸水机

Suction Machine

鼓风机

Blower

单擦机

Single-brush Machine

抛光机

Polishing Machine

高泡洗地毯机

High-foam Carpet Machine

多功能（三合一）洗地毯机
Multi-functional（Three-in-One）Carpet Machine

高压喷水机
High-Pressure Water Jet Sprayer（High-Pressure Water Gun）

任务二 | 了解清洁药液

在邮轮客舱部和公共区域清洁保养工作中广泛使用清洁药液。使用清洁药液的目的是提高工作效率，使被清洁物品更干净、更美观，进而延长其使用寿命。掌握清洁药液的特性，管理好清洁药液是每一位邮轮客舱管理者和公共区域负责人的重要工作内容之一。

一、清洁药液的种类与用途

目前，邮轮常用的清洁药液大致有以下几种：

1. 酸性清洁剂（$1 < pH < 6$）

酸性清洁剂一般用于卫生间的清洁和一些顽渍的清洁。酸不但具有杀菌除臭的功能，同时也能中和尿碱、水泥等顽固斑垢。由于酸性清洁剂具有腐蚀性，所以使用前必须稀释，使用后要进行彻底的漂洗，不可将浓缩液直接倒在瓷器表面，否则会损伤瓷器表面的釉和使用者的皮肤。

常用的酸性清洁剂的种类和作用如下：

（1）盐酸（$pH = 1$）

盐酸主要用于清除建造时留下的水泥、石灰斑垢，效果明显。

（2）硫酸钠（$pH = 5$）

硫酸钠可与尿碱发生中和反应，用于清洁卫生间的坐便器，但要少量使用且不能常用。

（3）草酸（$pH = 2$）

草酸用途同上述两种酸性清洁剂,只是效果更强于硫酸钠。

（4）恭桶清洁剂（呈酸性,1<pH<5,但含合成抗酸性剂,安全系数高）

恭桶清洁剂主要用于清洁客厕和卫生间坐便器,有特殊的洗涤除臭和杀菌功效,要稀释后再使用。在具体操作时,必须在抽水马桶和便池内有清水的情况下倒入数滴,稍等片刻后,用刷子轻轻刷洗,再用清水冲洗即可,这样既保证了卫生清洁质量,又缓解了强酸对瓷器表面的腐蚀。

（5）消毒剂（5<pH<7）

消毒剂主要呈酸性,除了作为卫生间的消毒剂外,还可用于消毒杯具,但一定要用水冲净。

2. 中性清洁剂（6<pH<8）

中性清洁剂配方温和,对物品腐蚀和损伤很小,有时还可以起到清洗和保护被清洁物品的作用,在日常清洁卫生中被广泛使用。其缺点是无法或很难去除积聚严重的污垢。

目前,邮轮广泛使用的中性清洁剂有以下几种:

（1）全功能清洁剂（7<pH<8）

全功能清洁剂主要含表面活性剂,可去除油垢,除不能用于洗涤地毯外,其他地方均可使用。该种清洁剂由于性质温和,对大多数物体表面都是安全的。使用全功能清洁剂时,一般不需要漂洗,它不会在被清洁物体的表面留痕迹。其缺点主要是清洁效果不如专向清洁剂,不适合某些清洁任务。如清扫浴室时需要消毒剂,而全功能清洁剂不含消毒剂。

（2）地毯清洁剂

地毯清洁剂是一种专门用于洗涤地毯的中性清洁剂。因含泡沫稳定剂的量不同,又分为高泡沫地毯清洁剂和低泡沫地毯清洁剂两种。低泡沫地毯清洁剂一般用于湿洗地毯,高泡沫地毯清洁剂一般用于干洗地毯。低泡沫清洁剂宜用温水稀释,去污效果更好。

3. 碱性清洁剂（8<pH<14）

一般碱性清洁剂有液状、乳状、粉状和膏状,对于清除油脂类脏垢和酸性污垢有较好的效果。使用碱性清洁剂要特别小心,因为它具有极强的腐蚀性和毒性,要严格按规定使用,要戴好橡胶手套。

碱性清洁剂的种类和作用如下:

（1）玻璃清洁剂（7<pH<10）

玻璃清洁剂有液体的大桶装和高压的喷装两种包装形式。前者类似多功能清洁剂,主要功效是除污斑;后者内含挥发溶剂、芳香剂等,可去除油垢,用后留有芳香味,虽价格高,但省时、省力、效果好,使用后会在玻璃表面留下透明保护膜,方便以后的清洁工作。

（2）家具蜡（8<pH<9）

家具蜡的形态有乳液态、喷雾型、膏状等几种。在每天的邮轮客舱清扫中,邮轮公共区域服务员只是用湿润的抹布对家具进行除尘,家具表面的油迹污垢不能去除。对此,可用稀释的全功能清洁剂进行彻底除垢,但长期使用会使家具表面失去光泽。家具蜡内含蜡（填充物）、溶剂（除污垢）和硅酮（润滑、抗污）,可去除动物性和植物性的油污,并在家具表面形成透明保护膜,防静电、防霉。

（3）起蜡水（10<pH<14）

起蜡水用于需再次打蜡的大理石和木板地面。其强碱性可将陈蜡及脏垢浮起而达到去蜡功效。由于碱性强，起蜡后一定要反复清洗地面后才能再次上蜡。

4.上光剂

上光剂不是清洁剂，但通常在清洁剂之后使用。当物体表面涂上上光剂之后，上光剂能形成一个硬质的防护表层来防指印、污迹或刮痕，并使物体表面光亮如新。

（1）金属上光剂

金属上光剂含有非常温和的磨粉、脂肪酸、溶剂和水，能清除金属表面的锈蚀和划痕。高效的金属上光剂能在被清洁的金属表面形成一层保护膜。金属上光剂的气味很浓，使用和存放都要在通风好的地方。金属上光剂有乳剂、粉剂、液体或浸过上光剂的织物等几类，并有软硬之分，硬金属上光剂粗糙些，会伤及软金属，在日常的清洁保养中要注意正确选用。

（2）省铜剂（擦铜水）

省铜剂（擦铜水）为糊状。其主要原理是氧化掉铜表面的铜锈而使铜制品光亮。其只能用于纯铜制品，不能用于镀铜制品，否则会将镀层氧化掉。

（3）地面蜡

地面蜡有封蜡和面蜡之分。封蜡主要用于第一层底蜡，内含填充物，可堵塞地面表层的细孔，起光滑作用，好的封蜡可维持 2~3 年。面蜡主要是打磨上光，增加地面光洁度和反光强度，使地面更为美观。封蜡和面蜡又分为水基蜡和油基蜡两种。水基蜡主要用于大理石地面，油基蜡主要用于木板地面。蜡的形式有固态、膏态、液态三种，较常用的是后两种。

5.溶剂类

溶剂为挥发性液体，常用于干洗和去除油渍。它能有效地清除怕水物品上的污渍，如电器、马达等。溶剂有强烈异味，故应在通风良好的房间中使用。

（1）地毯除渍剂

地毯除渍剂专门用于清除地毯上的特殊斑渍，对怕水的羊毛地毯尤为适用。地毯除渍剂有两种：一种专门清除果汁类色斑；另一种专门清除油脂类脏斑。清洁方法是用毛巾蘸地毯除渍剂（也有喷灌装的），在脏斑处擦拭。发现脏斑要及时擦除，否则效果较差。

（2）酒精

酒精（而且必须是药用酒精）主要用于电话机消毒。

（3）牵尘剂（静电水）

用牵尘剂浸泡过的尘拖，可免水拖地面。对大理石、木板地面进行日常清洁和维护以及除尘的功效较为明显。具体操作时，应先将尘拖头洗干净，然后用牵尘剂浸泡，待全干后再用来拖地，效果才好。

（4）杀虫剂

杀虫剂指喷灌装的高效灭虫剂，如"枪手""雷达"等。对房间定时喷射后密闭片刻，可杀死蚊、蝇和蟑螂等爬虫和飞虫。这类杀虫剂由邮轮公共区域服务员使用，安全方便，但对老鼠等则应请专业公司或个人承包，或购买专门用于灭鼠的药粉等。

（5）空气清新剂

空气清新剂品种很多，不一定都是溶剂型，兼具杀菌、去除异味、芳香空气的作用。空气清新剂的香型种类很多，但产品质量差距很大。辨别其质量优劣最简单的方法就是看留香时间的长短，留香时间长的则较好。香型选择要考虑适合大众习惯。

二、清洁药液的分配与存储

合理分配清洁药液既能满足清洁需要，又能减少浪费。清洁药液的分配最好由一名邮轮公共区域主管专门负责，在每天下班前对楼层进行补充，每周或每半个月对品种和用量进行盘点统计。通常，用量的多少与邮轮客舱满舱率的高低有关，对例外情况的额外补充应做详细记载。对于用量难以控制且价格又比较高的清洁剂，像家具蜡、玻璃清洁剂和空气清新剂等，管理难度相对大些，而且流失量大，损失也大，对此一定要进行更加严格的控制和分配。邮轮公共区域的清洁药液最好集中存储，若无人看管时，一定要上锁，以防丢失。

清洁药液的存储应注意的事项有：

（1）清洁剂容器上应有标签注明；

（2）必要时要标明清洁剂的稀释率；

（3）所有容器盖要盖紧，同时要保持清洁；

（4）容器要摆放整齐，放置容器的货架要牢固；

（5）高压罐装清洁剂要远离热管道或散热器；

（6）分配或稀释清洁剂时要使用漏斗；

（7）储藏室要保持通风状态；

（8）要定期进行盘点，控制好存货量。

三、清洁药液的安全管理

由于清洁药液具有易燃、易爆、易挥发、有毒等特性，若管理和使用不当，就可能对人身造成伤害或引起火灾、发生爆炸，导致财产损失，甚至造成生命危险。所以，清洁药液的安全管理就显得尤为重要。

清洁药液管理中需要注意的事项有：

（1）制定相应的规章制度，培训邮轮公共区域服务员掌握使用和放置清洁药液的正确方法。平时注意检查和提醒邮轮公共区域服务员按规程进行操作。

（2）必须使用强酸和强碱清洁剂时，先做稀释处理，将其尽量装在喷壶内，再发给邮轮公共区域服务员。

（3）配备相应的防护用具，如合适的清洁工具、防护手套等。

（4）禁止邮轮公共区域服务员在工作区域吸烟。对此应严查严罚，以减少危害源。

总之，购买货真价实的清洁剂，减少浪费，保证安全使用，是清洁药液管理工作的目的。

全功能清洁剂

空气清新剂

中性清洁剂

洗手液

玻璃清洁剂

消泡剂

外墙清洁剂

浴室清洁剂

酸性清洁剂

高泡地毯水

地毯除渍剂

低泡地毯水

不同类型的清洁药液

Different Types of Cleaners

思考与训练

Practice and Drills

思考问答
Review Questions

1.描述邮轮客舱服务员的仪容仪表的标准。
2.简述邮轮客舱清扫的顺序。
3.描述邮轮客舱清洁整理的基本方法。
4.简述邮轮开夜床服务的程序和标准。
5.简述邮轮客舱消毒的方法以及灭虫害的范围。
6.简述邮轮公共区域的范围和特点。
7.邮轮公共区域的清洁器具的种类有哪些?
8.描述适用于酸性、碱性、中性清洁剂的清洁部位和使用方法。
9.地毯的清洁分哪几部分进行?

单项选择
Individual Choice

(复习本模块课程内容。请将正确答案的选项填写在横线上。)

1.下列不属于"邮轮客舱房间清扫基本方法"的是_____。
　　A.从上到下　　　　B.环形清理　　　　C.从外到里　　　　D.先卧室后卫生间
2._____在清洁过程中,切记不可用"湿抹布"进行擦拭。
　　A.家具　　　　　B.电器　　　　　C.电镀器具　　　　D.玻璃器皿
3.在清洁药液中,属于"酸性清洁剂"的是_____。
　　A.地毯清洁剂　　　　　　　　　B.玻璃清洁剂
　　C.恭桶清洁剂　　　　　　　　　D.上光剂
4.在客舱房间的"房态"中,_____是表示该客房已被租用,住客正在邮轮上。
　　A.CO　　　　　　B.OC　　　　　　C.O.O.O　　　　　D.VC
5.下列不属于邮轮公共卫生间"日常清洁"项目的是_____。
　　A.洗手盆　　　　B.恭桶　　　　C.顶部排风扇　　　D.烘手器
6.邮轮公共区域的烟缸内,一般不得超过_____烟头。
　　A.2 个　　　　　B.3 个　　　　　C.4 个　　　　　D.5 个
7.下列不属于对地毯有效保养的范围的是_____。
　　A.每日必须对地毯进行吸尘　　　B.发现有污渍要及时进行处理
　　C.每日都要对地毯进行清洗　　　D.定期对地毯进行清洗

8.在对镀铬器件清洁时,一定要避免使用含有_____的药液。

    A.碱性　　　　　　B.酸性　　　　　　C.中性　　　　　　D.油性

 实训练习
Training Exercises

项目名称:邮轮客舱房间清洁技能。

练习目的:学生通过训练后,能熟练、独立地完成一间客舱房间的清洁服务,并达到客舱房间清洁的标准和要求。

实训内容:清扫客舱房内的垃圾、中式铺床、卫生间清洁、房间抹尘、补充物品、地毯吸尘等。

测试考核:对每名实训学生按照"邮轮客舱技能考核标准评分表"进行考核。

项目名称:大理石地面结晶处理。

练习目的:学生通过实训操作练习,能够掌握大理石地面的清洁程序,以及如何做好保养工作等。

实训内容:利用单擦机、打磨碟片、钢丝棉、晶粉等对大理石地面进行结晶处理。

测试考核:对每名同学进行大理石地面结晶处理技能的考核。

知识拓展
Knowledge Development

【01】

20 种常见污渍的清洁方法

1.油渍的处理

（1）可用洗洁精直接洗擦油渍处,若非黑、红等深彩色面料,可用洗衣粉轻刷。

（2）纯白面料可用较稀的漂白水（1∶10 稀释）直接用牙刷刷油渍处,即可除掉。

2.汤渍的处理

用洗洁精浸泡 10 min（每盆水中加放 6 滴洗洁精,搅拌均匀）,再做常规处理。

3.酱油的处理

方法一:在清洗前先用草酸稀释,然后用牙刷蘸取擦拭污染处,再进行常规处理。

方法二:新迹先用冷水搓洗,然后再用洗涤剂洗除;陈渍应在洗涤剂溶液中加进适量氨水洗除,也可用 2% 的硼砂溶液来洗。丝、毛织品可用 10% 的柠檬酸来洗。

4.发霉现象的处理

先用 40 ℃的温热肥皂水浸泡 10 min,再进行常规处理。对于纯白面料的产品,在用肥皂水浸泡后,将发霉处放在太阳下晾晒 10 min,再进行常规处理。

5.面料染奶茶渍的处理

在污渍处均匀涂上清洁剂,10～20 min 后再进行常规处理;奶茶渍处理不再明显,但面料出现发白现象。

6.圆珠笔字迹的清除方法

方法一:在清洗前,用清洁剂直接刷在字迹处,不可沾水,停放 5 min 后进行常规处理。

方法二:先用肥皂洗,再用酒精擦拭,以净水进行漂洗,在未洗净前,忌用汽油揩擦。

7.墨汁的清除方法

用薄纸擦掉后,将纸蘸醋再反复擦拭,亦可用次氯酸钠,但会损伤羊毛,所以如清洗羊毛制品还是选用醋擦拭的方法更好。

8.油漆的清洗方法

当产品染上油漆后,尽快用牙刷蘸酒精洗擦污染处,直到污渍变淡;然后将肥皂涂在污渍处,用牙刷顺布纹轻轻洗擦,再用净水浸泡 1 h,然后用净水漂洗干净即可。

9.冰淇淋的清除方法

先用小刷子将干掉的部分刷掉,然后用毛刷蘸清洗剂轻刷(小心,勿刷起毛球),最后将毛巾蘸水绞干轻轻擦拭。

10.口红、粉底的清除方法

先用薄纸采用"摘下"的方式轻轻擦拭,再用清洗剂擦拭。由于口红渍会越擦越大,要由外围往内小心轻擦。

11.果汁的清除方法

刚沾到时,可用布蘸水擦或温水擦拭,若仍残留污点,则以清洗剂擦拭。

12.酒、香水的清除方法

为防止扩散,先撒些盐在上面,再用柔软刷刷掉,后用抹布蘸水或清洗剂或酒精擦拭。

13.血液的清除方法

刚沾到时,用纸擦拭后再蘸双氧水擦,滞留过久的血迹,亦可擦掉。

14.醋渍的清除方法

撒上少许白砂糖,用温水漂洗,必要时,再用加氨水的皂液或肥皂的酒精溶液搓洗。

15.糖渍的清除方法

可用汽油或酒精擦洗。

16.番茄酱渍的清除方法

浸水后,用温甘油浸润半小时,洗擦出水后,再用温皂液洗涤。

17.蟹黄渍的清除方法

从煮熟的蟹中取出白腮搓拭,再放冷水内,用肥皂洗涤。

18.柿子渍的清除方法

用葡萄酒加浓盐水一起搓擦,再用肥皂水洗净。

19.碘酒渍的清除方法

可将污渍浸入热水或酒精中,或放入 15% ~ 20% 的小苏打溶液中 2 h,使污物溶解。

20.红药水渍的清除方法

先用温热水的洗涤剂溶液来洗,然后分别做草酸、高锰酸钾处理,再用草酸溶液脱色,最后用水洗净。

【02】

吸尘器的使用和维护

吸尘器除了用于清扫地面之外,还用于清扫地毯、墙壁、家具、衣物、工艺品以及各种缝隙中的灰尘。虽然现在家庭使用吸尘器的已越来越普遍,但还有一些人对吸尘器了解甚少,也不知道该如何正确使用和维护吸尘器。

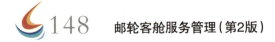

1.吸尘器的使用

吸尘器在使用前要检查电源电压是否符合本机的要求,电源线是否有接地装置。应针对使用场所选择不同吸嘴(如家具垫套吸嘴、缝隙吸嘴)和清扫刷。家具垫套吸嘴用于清洁沙发、帐帘、软织物等中的尘埃和细小杂物;缝隙吸嘴用于清洁墙角、地角等处的垃圾、污物;清扫刷用于清洁、擦刷地板、窗架、书柜、橱窗缝隙等处的污物。

吸尘器使用时间不宜过长,每次连续使用时间最好不超过 1 h,以免电动机过热烧毁。有灰尘指示器的吸尘器,若发现接近灰尘满点提示时,应立即停机清灰。

吸尘器在使用后,应及时将吸尘器中的灰尘、污物倒出。否则下次使用容易堵塞风道,造成吸力减小,甚至引起电动机温升过高而烧毁。

2.吸尘器的维护

经常检查吸尘器的电源线、滤尘袋和接地装置的完好情况。若电源线有损坏裂纹、滤尘袋有漏洞,应及时更换。

要经常检查吸尘器各连接处的紧密程度,以免因漏气而减少吸力。

长久搁置的吸尘器在使用前,须检查其电动机的绝缘性能。

模块三

邮轮客舱服务

Module Three

Customer Service for Cabin

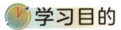 学习目的
Learning Objectives

1.了解客舱对客服务模式和特点；
2.了解宾客住店期间的服务。

 知识与技能掌握
Knowledge & Skills Required

1.熟悉邮轮客舱部对客服务的特点和要求；
2.熟悉客舱清洁、小酒吧服务、客房送餐服务、洗衣服务；
3.熟悉特殊宾客服务的程序和注意事项。

邮轮客舱部服务类型 项目一

Cabin Service Types Task One

本项目数字化资源

任务一 了解邮轮客舱部宾客类型

　　国际邮轮公司的宾客来自世界各地及社会的各阶层,有着不同的背景、兴趣爱好、生活习惯以及宗教信仰等,他们的旅行组织方式及旅行目的都不一样,下面就根据不同的划分方法来探讨一下邮轮宾客的类型及客舱部针对不同类型宾客的服务特点。

一、按邮轮宾客的类型划分

1.散客型游客

　　一般散客型游客主要是指个人、家庭及 5 人以下自行结伴参加邮轮旅游的宾客。这类宾客在邮轮服务和消费过程中,平均在邮轮上各个营业部门的消费水平都是较高的,对客舱的硬件和软件的要求也会较高。

　　在客舱的硬件方面,他们多选择海景阳台大床房,并要求房内要有电脑接口及不间断电源、办公设备及用品,还要有变压器、电热水壶、小酒吧等。在客舱的软件方面,他们要求客舱部的服务项目齐全、客舱房间内清扫整理的时间安排要合理、服务快捷高效且水准要高,并且不希望经常被打扰。

　　客舱部员工在接待这类宾客的过程中应注意,当宾客到达客舱楼层时,客舱部服务员应微笑相迎,热情主动问好,如为宾客提供行李服务时,要注意观察宾客的态度,不要抢夺行李。对老弱病残的宾客,要主动搀扶,服务要周到,照顾要细心,然后手拿钥匙引领宾客到达所住的房间,进房后根据宾客的要求适当地介绍一下邮轮的产品和情况。

2.团队型游客

团队型游客大多数是以邮轮和停靠港岸上旅游观光为目的的宾客。他们一般都是有组织、有计划地进行活动，并且日程安排较紧、在邮轮上所需的客舱房间数量较多、活动时间也较为统一。除了在邮轮上参加一些活动外，一般团队型游客的大部分活动都安排在停靠港岸上景点，而在邮轮上停留的时间较少。

邮轮给团队型游客的客舱用房价格折扣较大，所以出租的房间数量多，因此，从其客舱房间一项收入而言，对邮轮公司整体收入的提升也是非常可观的。

客舱部在接待团队型游客时，应注意对旅游团中每一位宾客都要一视同仁，不要谈及有关客舱房价、餐费等问题，不介入宾客之间的矛盾，遇到问题时，与接待单位或旅行社的领队或负责人联系，要充分做好团队型游客登船、离船前后的各项工作。为了更好地为他们提供服务，可以根据接待单位或旅行社通知的预抵达时间，提前调好邮轮客舱房间内的温度。与此同时，也应了解到这些宾客一般对客舱房间内的卫生比较挑剔，尤其注重客舱房间内的卫生间的清洁。因此，在清洁客舱房间卫生时，洁具一定要按标准进行严格的清洗和消毒。

团队型游客

GIT（Group Inclusive Travelers）

二、按邮轮游客的旅游目的划分

1.观光型游客

观光型游客的主要目的是观赏邮轮沿途的风景和停靠港口城市景点的风光，了解当地的风土人情，品尝各个国家的风味小吃，了解不同国家或地域的文化等。他们游览参观的项目多，一般每日行程安排较满，在邮轮上停留的时间较短，白天在外观光，体力消耗大，希望回邮轮后能得到很好的休息，尽快消除疲劳。他们喜欢购买旅游纪念品、拍照留念等，对于邮寄信件或明信片等委托服务的需求量较大。因此，邮轮客舱部服务员应努力为这类宾客创造一个安静、整洁、温馨的居住环境,使他们有充沛的精力、愉悦的心情完成旅行活动,同时应及时、准确地为其提供叫醒、问询、购物指引等服务。一般叫醒服务都是由邮轮宾客服务中心总机来负责,但如果需要邮轮客舱部服务员配合时,相关人员要积极予以配合,且在进行叫醒服务时,一定要听到客舱房间内宾客的应答后才算完成,以免耽误宾客的行程和活动。

2.度假型游客

度假型游客多选择一些度假型线路的邮轮。此类宾客与观光型游客的区别在于,他们的旅游目的地一般只有一个,所以在邮轮客舱房间内停留时间较长。因此,他们对客舱房间内的服务水准要求较高,如24 h有热水、室内冷暖适度、客舱房型朝向较好等。同时,对其他一些辅助服务也有要求,如客舱房间内送餐、客舱内小酒吧、洗衣服务等。通常,他们喜欢邮轮上多一些丰富多彩的娱乐项目,希望一线服务员提供热情、随和、周到的服务。另外,此类宾客对邮轮的建筑格局也有特定的喜好,如邮轮中心的天井式建筑。邮轮甲板设有攀岩、游泳等活动设施,使宾客对客舱房间内的安全也更为在意。

3.蜜月型游客

蜜月型游客一般对邮轮客舱的房间有特殊的要求,如舒适的大床房、整洁干净的客舱房、朝向较好的海景阳台等。在一般情况下,如果邮轮公司在宾客登船时了解到此类宾客的信息后,会委派邮轮客舱部向新婚宾客赠送礼品,增加欢乐气氛,与宾客见面时要讲祝福的话,多向宾客介绍一些邮轮特色的产品和岸上优美的旅游景点、风味小吃等,以达到方便宾客游玩和购物的目的。他们比较反感被打扰。因此,在向宾客提供邮轮客舱服务时,要特别注意时间的安排。

三、按邮轮宾客国别划分

1.国内宾客

国内宾客一般是指以中国国内度假型游客和团体型游客为主的宾客。邮轮旅游团队会占国内宾客的一定比例,他们习惯于依托某个国内旅游公司或旅行社进行邮轮之旅全程安排的服务方式。在这些国内宾客中,他们的饮食习惯、参加活动的规律都与国外的宾客有所不同。有些国内宾客还会有午休或午睡的习惯,不希望在中午被邮轮客舱服务员打扰等。

2.外国宾客

外国宾客在生活习惯方面与中国国内的宾客有很大不同,外国宾客习惯于晚睡和晚起。他们对窗帘的遮光效果要求较高;对客舱房间内的卫生设施设备非常敏感,喜欢淋浴,24 h热水供应对他们来说非常重要;对室内温度要求较高,大多数外国宾客夏天喜欢把室内温度调得很低,很多人一年四季都喜欢食用冰块。在消费方面,外国宾客习惯于享用邮轮所提供的客舱送餐服务、房内小酒吧服务、洗衣服务等。在为此类宾客服务时,对邮轮客舱部服务员的语言就有一定的要求,同时还要求邮轮客舱部服务员了解并尊重不同国家宾客的文化和禁忌等。

任务二 熟悉邮轮客舱部对客服务方式

邮轮客舱服务模式,主要是邮轮宾客在客舱住宿期间,客舱部针对不同的宾客提供相应的细致、周到、优质的服务过程的一种模式。由于对邮轮客舱部住宿宾客服务侧重点的不同,所以在邮轮客舱部对客服务岗位的设置、人员配备以及服务规程上都有所不同。

一、邮轮客舱部服务中心

在国际化的邮轮公司中,客舱部管理普遍推行的主导模式是客舱服务中心模式。它是邮轮客舱部整体管理的神经中枢。它一般设置在邮轮对客服务的后部区域,主要通过电话的形式为邮轮客舱部宾客提供周到的服务。

邮轮客舱部服务中心也是邮轮客舱部管理的主导,是邮轮客舱部对外服务管理和客舱部内部管理的信息传递和人员协调的枢纽。它将邮轮客舱部各楼层的对客服务工作集中在一起,并与楼层工作间及邮轮先进的通信联络设备共同构建一个完善的对客服务网络系统。邮轮客舱服务中心一般与客舱部办公室相邻或设置在一起,室内设置物品架、文件吊柜、办公桌椅和电脑等。邮轮客舱部内的文件应分类存放,整齐地摆放着每航次宾客的入住信息、报名表等文件。同时,具有接听四部以上电话能力的程控电话。在邮轮客舱部员工管理方面,一般邮轮客舱部都会建立一个呼叫系统,由邮轮客舱服务中心统一协调,保证客舱部一线服务岗位员工的信息沟通。

此外,邮轮客舱部服务中心实行 24 h 对客服务,在邮轮住宿的宾客可通过内线电话将需求告知客舱服务中心,由它通过呼叫系统通知离宾客客舱最近工作间的客舱服务员,迅速为宾客提供所需的服务。

二、邮轮客舱部服务中心的日常事务

1.信息处理

处理邮轮客舱部工作所有相关信息,以保证对客服务中的相关问题能及时得到解决。

2.对客服务

统一接收邮轮客舱部宾客服务信息,通过电话机、对讲系统等手段向客舱服务员发出工作指令。即使不能直接为宾客服务,也可通过调节手段与邮轮其他部门共同完成。

3.出勤控制

邮轮客舱部员工上下班都必须到客舱服务中心签到或打卡,从而方便了对邮轮客舱部员工的考核与工作安排,有利于加强对员工管理。

4.钥匙管理

完善钥匙(房卡)管理制度,对客舱部各班次的钥匙发放、收回、登记、丢失、检查等工作进行监管。

5.部门资料存档保管

分类保管有关邮轮客舱部所有的对客服务的档案资料、部门的文件材料、部门员工的信息等,同时,还要及时对相关信息进行补充、更新和整理。

三、邮轮客舱部服务中心的优缺点

邮轮客舱部服务中心的优点:一是减少了人员成本;二是保证了客舱楼层区域内的安静;三是为宾客提供了一个较为安静和私密的空间;四是有助于邮轮客舱部整体人员的调度与控制;五是保证了客舱管理信息的畅通;六是有助于加强对客舱整体运作效果的把握。

但是,邮轮客舱部服务中心也有其相应的缺点:一是缺乏人情味,不利于与邮轮客舱住宿的宾客直观地进行沟通和交流;二是管理过于集中,对邮轮客舱部员工的工作动态很难掌控;三是邮轮客舱部楼层区域的安全隐患不易被发现。

有些国际邮轮公司已将邮轮客舱部服务中心对客服务的一些功能,合并到邮轮宾客服务中心(邮轮上称为前台),为宾客提供一键式(一键通)服务。邮轮客舱部住宿宾客只需拨打邮轮总机,订餐、送餐、问讯、叫醒等服务将全部由邮轮宾客服务中心服务员协调解决,做到"服务一键式,沟通零距离"。一键式服务对宾客而言更为方便,对邮轮而言更为经济。采用邮轮宾客服务中心服务模式的邮轮,客舱部不再设邮轮客舱部服务中心,邮轮客舱部服务中心的其他职能如工作钥匙、遗留物品管理等可由客舱部办公室承担。

邮轮客舱部服务中心
Cabin Guest Service Centre

除此之外,一些中、高档大型国际邮轮还在邮轮客舱区域设置了客舱贴身管家服务,进而为宾客提供更为便捷、舒适的服务和环境,让邮轮客舱部的入住宾客享受更加优质的服务。从宾客在邮轮码头服务大厅中办理完登船手续和安检进入邮轮开始,邮轮客舱贴身管家便听从宾客的吩咐和安排,包括为宾客打扫房间、订餐送餐、收送客衣、安排邮轮系列活动、停靠港口旅游活动等,使邮轮宾客享受到亲切而舒适的服务。贴身管家服务的出现,也可以说是邮轮整体服务模式提升和变化的一项创举。

楼层管家式服务 1
Floor Butler Service 1

楼层管家式服务 2
Floor Butler Service 2

邮轮管家式服务
Butler Service

 想一想
Think It

　　请你想一想：如果你是邮轮客舱部经理，你会采用哪种服务模式为邮轮客舱住宿宾客提供服务呢？

任务 三　熟悉邮轮客舱部对客服务的特点和要求

　　邮轮客舱部的服务与邮轮餐饮、总台接待等服务既有不同之处，又有相同之点。对邮轮客舱部服务来说，其特点具有一定的针对性。

一、客舱部对客服务的主要特点

1.对客服务的表现形式 "明""暗" 兼有

　　邮轮客舱部服务是有形服务和无形服务的综合体现。客舱房间一旦被宾客租用，就成为宾客的私人领域。宾客进入房间后，是通过对客舱房间的整体感觉、床铺的整洁程度、地面的洁净程度、邮轮服务指南的方便程度等来感受客舱部服务人员的服务的。邮轮客舱部对客服务的这一特点，使客舱部服务人员成为邮轮对客服务的"幕后英雄"，但这并不表示没有面对面的服务。如客衣的送、取，客舱房间的清洁等往往又是"明"的，是面对面的。因此，邮轮客舱部服务人员在对客服务时要讲究礼貌、礼节。客舱部服务"明""暗"兼有的这一特点对邮轮客舱部服务人员的素质提出了很高的要求。

2.体现出"家"的气氛和环境

既然邮轮的宗旨是为每位宾客提供一个"家外之家"，那么，能否体现出像自己的家一样的舒适、安全、方便和温馨，就成为邮轮客舱部对客服务优劣的重要因素之一。在邮轮客舱部对客服务中，客舱部服务人员始终扮演着"侍者"和"管家"的身份。因此，客舱部服务人员在服务中要留意宾客的生活习惯，以便提供有针对性的服务，切实给宾客"家"的感受。

3.质量的不稳定性

邮轮客舱部服务人员因工作、生活和学习的环境不同，各自的素质也不相同，每天的心情也会受不同的环境影响而发生变化，因此在一定程度上造成了邮轮客舱部服务质量的波动。当今邮轮的客源成分也十分复杂，宾客与宾客之间既有经济上的差别，又有各国文化程度上的差异、风俗习惯的不同，等等。另外，再加之每航次邮轮旅行目的的不同，宾客对邮轮客舱部服务的期望和需求也存在很大的差异，即使对相同的服务也会有不同的评价，从而造成服务质量的不稳定性。

4.服务工作的随机性

邮轮客舱部服务项目众多，工作分工较为分散，各服务项目之间没有非常明显的直接联系，且宾客没有固定需要某项服务的时间。宾客需求的随机性也很强，给服务工作带来了较大的难度。邮轮客舱部服务员如果服务滞后，就会使宾客感到服务不到位。但过度热情的服务，又会在一定程度上对宾客造成干扰。

5.服务工作的不可重复性

对邮轮客舱部服务而言，其服务大多是"生产"和"销售"同时进行的。这就导致了邮轮客舱部服务工作的不可重复性。有些服务项目看似不与宾客面对面接触，但从开始为宾客提供服务到服务的结束，都需要邮轮客舱部服务员与宾客进行交流和沟通，服务的任何环节出现了问题，都会给宾客留下不好的印象。为此，邮轮客舱服务工作必须认真和细致，绝不允许有任何的错误发生。

二、客舱部对客服务的要求

任何一位邮轮宾客在下榻邮轮客舱部期间，都会在邮轮客舱内停留较长的时间。邮轮客舱部对客舱房间服务水准的优劣和高低，在很大程度上决定了宾客对邮轮客舱部产品的认知程度和满意程度。这就要求邮轮客舱部在对客服务时，要以与其邮轮档次相称的服务程序及制度为基础。以整洁、舒适、温馨和安全的邮轮客舱服务为前提，随时为宾客提供礼貌热情、真诚主动、舒适便捷、耐心周到、准确高效、尊重隐私等方面的服务，使宾客"高兴而来，满意而归"。

1.礼貌热情

礼貌待客主要通过邮轮客舱部服务人员整洁的仪容仪表、自然亲切的语言、悦耳动听的语音语调、端庄得体的举止、落落大方的态度等方面表现出来。热情待客会使宾客消除陌生感和不安全感，对邮轮客舱部服务员增加信任。

2. 真诚主动

通常邮轮客舱部员工对宾客的态度，是宾客衡量一个邮轮整体服务质量优劣的标尺。邮轮客舱部员工对宾客态度友好的、最直接的表现形式就是真诚。因此，邮轮客舱部服务员先要突出"真诚"两字，提供情感服务。我们通常所说的提供主动的服务，是以真诚为基础的一种自然、亲切的服务。主动服务来源于细心，邮轮客舱部服务员要把宾客当作自己请来的亲朋好友那样对待，这也是提高邮轮客舱服务质量的最有效方法之一。

3. 舒适便捷

邮轮客舱是宾客入住邮轮后长期停留的场所。因此，宾客对客舱房间的舒适性、方便性也最为重视。邮轮客舱部服务员应留意客用品的摆放，以方便宾客的使用，还应为宾客提供开夜床服务，并提供用毛巾折叠小动物服务等。

4. 耐心周到

宾客的多样性和服务工作的多变性，要求邮轮客舱部服务员能正确处理各种各样的问题，必须经得起委屈、责备、刁难，要摆正心态，把"对"让给宾客，耐心地、持之以恒地做好对客服务工作。邮轮客舱部服务员要掌握宾客在客舱生活期间的心理特点、生活习惯等，从各方面为宾客创造舒适的住宿环境。通过对宾客方方面面的照顾、关心，把周到的服务落到实处，充分体现出"家外之家"的真正含义。

5. 准确高效

邮轮客舱部服务员应为邮轮客舱部宾客提供准确而快速的服务。效率服务是现代快节奏生活的需要，是优质服务的保证。邮轮客舱部服务质量中最容易引起宾客投诉的就是等待的时间太长。邮轮客舱部应对所提供的服务在时间上进行量化规定，制定切实可行的标准。速度和质量是矛盾的，在制定标准及具体服务工作中，要正确处理两者之间的关系，切忌只求速度、不求质量的工作方法。

6. 尊重隐私

作为一名邮轮客舱部服务员，特别是接触宾客时间最长的邮轮客舱部员工，有义务尊重住宿宾客的隐私。邮轮客舱部应该做到不打听、不议论、不翻看、不传播宾客的书刊资料等，始终要为宾客保密。

做一做
Do It

根据上述邮轮客舱部的服务特点，请将你认为客舱服务岗位中最重要的服务表述出来，并说明一下为什么。

邮轮客舱部对客
服务种类
Characteristics of
Guest Service

项目二
Task Two

本项目数
字化资源

任务 **一**

熟悉客舱清洁服务

　　邮轮客舱部在宾客住宿期间要经常保持客舱房间的整洁。邮轮客舱部一般制定"二进房"的操作程序,即白天对客舱房间进行大清扫和晚间提供客舱房间开夜床服务。邮轮客舱服务员不仅要按照规程定时整理房间,而且还要根据宾客的要求,随时进房提供客舱房间整理服务,做到定时与随时相结合。特别是当宾客在房内会客或用餐结束后,更需及时提供房间整理服务。

任务 **二**

了解客舱小酒吧服务

　　为了满足邮轮宾客的不同需求,邮轮客舱部在高级海景房及以上级别的客舱房间里会提供有酒水饮料,这也增加了邮轮客舱部的收入,尤其是在邮轮客舱中、高级别的房间内都配备有小冰箱或小酒吧,存放一定数量的软硬饮料,如烈性酒、啤酒、果汁、汽水等,供宾客自行取用。收费单放在柜面,一式三联,上面注明各项饮料、食品的储存数量和单价,请宾客自行填写耗用数量并签名。

　　邮轮客舱部服务员每天进房清洁卫生时,顺便清点小冰箱内的饮料数量,并核对宾客填写的饮料收费单。收费单的第一联和第二联转交邮轮总服务台收银处记账，第三联则由邮轮客舱部汇集后填写食品耗用报告。邮轮客舱部服务员除记录宾客的耗用情况外，还须及时将饮料、食品按规定的品种和数量补充齐全，将用过的水杯、纸巾、杯垫、调酒杯等撤换，并放上新的饮料收费单，等宾客下船前，会将此部分消费在邮轮总服务台一同结算。

任务三　了解客房送餐服务

作为邮轮服务的重要组成部分，邮轮客房送餐服务为邮轮宾客提供了便捷、舒适的用餐体验。客房送餐服务的菜单设计，通常品种丰富多样，涵盖中西式菜品、小吃、甜品及饮品等。菜单上的菜品会定期更新，以满足不同宾客的口味需求。宾客可以通过邮轮客舱房内的电话、邮轮 App 等方式查看菜单并进行点餐。

为了满足不同邮轮宾客的个性化需求，有些邮轮公司还推出客房送餐的餐品定制服务。宾客可以根据自身口味偏好来选择食材、烹饪方式及调味品等，定制专属的餐品。邮轮厨师团队将严格按照宾客的要求制作出美味的餐品。

邮轮客房送餐服务，强调准时送达，以确保邮轮宾客能在预定时间内享受到美食。邮轮会安排专业的客房送餐人员，按照宾客指定的送餐时间，将餐品准时送达邮轮客房。如遇特殊情况导致送餐延误，邮轮管理方也会及时与宾客沟通并解释原因。

为了保证宾客用餐的舒适与卫生，邮轮管理方会为客房送餐服务配备高品质的餐具。餐具包括餐盘、碗、筷子、勺子等。此外，邮轮管理方还会根据宾客的需求，提供不同材质和规格的餐具。邮轮客房送餐服务的食物品质也是宾客关注的焦点。邮轮管理方会严格把控食材采购、储存、加工及烹饪等环节，确保食物的新鲜、安全及美味。同时，邮轮管理方也会不断引进新菜品和烹饪技术，提升食物的口感和营养价值。

邮轮管理方也关注每一位宾客的特殊需求，为特殊群体（如素食者、过敏者等）提供定制化的餐品服务。宾客可在点餐时告知自己的特殊需求，邮轮管理方将根据实际情况为游客提供合适的餐品。此外，邮轮管理方还提供无障碍送餐服务，确保行动不便的宾客也能享受到便捷的送餐服务。为保障宾客的权益，邮轮管理方为客房送餐服务提供退换服务。如游客对餐品不满意或觉得餐品存在质量问题，可及时联系邮轮宾客服务中心反映情况并进行退换，尽力为游客提供满意的解决方案。

邮轮客房送餐服务作为邮轮客舱部服务中的重要组成部分，致力于为每位邮轮宾客提供便捷、舒适、高品质的用餐体验。通过在丰富的菜单选择、个性化的餐品定制、准时的送餐时间、高品质的餐具配备、优质的食物品质、完善的退换服务等方面的努力，将不断提升客房送餐服务的质量和水平，满足邮轮宾客的多元化需求。

任务四｜了解洗衣服务

　　邮轮客舱部为住宿的宾客提供洗衣服务。一般的衣服洗涤方法通常有 3 种,即干洗、湿洗、烫洗。时间上有快洗、普通洗两种:快洗一般 4 h,普通洗一般 24 h。宾客送洗的衣物必须由宾客在洗衣表上填写清楚。邮轮客舱服务员收到宾客送洗的衣物时,必须仔细检查宾客衣物有无破损、严重污点、褪色、不适合洗涤的,衣袋里有无东西,衣物的扣子有无脱落等。如有问题,必须与宾客讲明,并得到宾客的最终授权后,方可为宾客提供洗衣服务。

　　送洗的衣物,必须按质、按时、按要求如数交给宾客。若有缺损,在一般情况下,宾客都会不客气地要求邮轮公司进行相应的赔偿。当遭遇这种情况时,一般邮轮客舱部都会按照洗衣单中关于赔偿的事项向宾客进行赔偿。

客舱清洁服务
Cleaning Services

客舱小酒吧服务
Mini-bar Services

客房送餐服务
Room Services

洗衣服务
Laundry Services

任务 五 | 熟悉特殊宾客服务

一、生病宾客服务

如果遇到邮轮客舱房间内有宾客生病时,应给予特殊关照,并体现出邮轮服务的关怀、同情和乐于助人的态度。

1.服务程序

(1)发现客舱内住宿宾客生病时,要表示关怀并主动询问宾客是否需要帮助。

(2)礼貌地询问宾客病情,了解病因,若宾客表示确有些不舒服或道出病情,邮轮客舱部服务员应提醒宾客邮轮上有医务室和医生服务,宾客可前去就诊或请医生到客舱房间出诊。

(3)对在邮轮客舱房内病卧的宾客,应把纸巾、热水瓶、水杯、纸篓等放在宾客床边,加送热毛巾。

(4)要适时借服务之机进入宾客房间并询问宾客有无特殊要求,建议并协助宾客与就近的亲朋熟人取得联系,提醒宾客按时服药,推荐适合宾客的饮食。

(5)关上客舱房门并随时留意房内动静,报告客舱部主管,并将宾客客舱房号和生病概况记录在邮轮客舱部服务员工作日报表上。

(6)客舱部管理人员应亲自慰问宾客,并送鲜花、水果等,祝宾客早日康复。

2.服务的注意事项

(1)在对邮轮客舱房间内病客的照料中,客舱部服务员只需做好必要的准备工作即可离去,不得长时间留在客舱房间内,告知宾客若有需要可以通过电话方式与客舱部取得联系。

(2)如遇危重病人时,应及时上报客舱部,客舱部应及时上报邮轮总经理,邮轮总经理必须及时与邮轮船长汇报,通过海事卫星电话与相近海域的停靠城市港口联系,请求医疗协助支援,联系停靠港口国家城市医院,做好医疗急救措施,救护车也应在邮轮停靠港口码头等待接应。若宾客处于清醒状态,还应征得宾客的同意,方可与急救组织联系。

(3)未经专门训练和相应考核的邮轮客舱部服务员,若发现客舱房间内宾客休克或有其他危险迹象时,应及时通知客舱部主管,由主管协助采取必要的措施,不得随便搬动宾客,以免发生意外。

生病宾客
Sick Guests

二、晕船宾客服务

在邮轮旅游过程中,由于在海上航行时船体会晃动摇摆,尤其是遇到大风大浪时,船体摇晃得就更加厉害,这时船上就会有游客出现晕船反应。对于晕船宾客的服务,邮轮客舱服务员需要综合考虑宾客的身体健康状况和旅行中的舒适度,为其提供便捷、温馨的服务。以下是关于为晕船宾客服务的预防措施和应急措施。

1.预防措施

(1)在邮轮旅行开始前或一开始,邮轮客舱服务员应告知游客可能会出现的晕船情况,以便宾客做好心理准备。

(2)加强船员及邮轮宾客的健康状况监测,了解晕船风险因素,对易晕船的宾客进行重点关注。

(3)为容易晕船的宾客尽量安排靠近车辆或船只中心的座位,这样可以减少颠簸和晃动对他们的影响。同时,尽可能安排其坐在前排较为平稳的座位上。

(4)提醒晕船者,旅行前不要饱食并按需服用自备的晕船药。在旅行过程中,提供清淡的食物和充足的饮用水,避免游客空腹或过度进食,以减轻晕船的不适感。

2.应急措施

(1)确保邮轮内部通风良好,打开窗户或通风设备,让新鲜空气流通,有助于缓解晕船的症状。同时,调整船舶航向,避开恶劣天气,减少刺激晕船因素。

(2)如果游客有严重晕船的情况,可以向他们提供建议,例如使用相关药物(遇到宾客晕船时,宾客服务中心可以免费为宾客提供晕船药物)或尝试其他治疗方法。但导游或船员应注意游客的健康状况和个人情况,建议他们咨询医生或药剂师的意见。

(3)在游客晕船时,邮轮客舱服务员应给予关心和支持,向他们表达理解和关注,鼓励他们放松身心。同时,进行心理疏导,帮助其树立信心。

以上措施的实施可以有效地缓解晕船宾客的不适感,增强他们的邮轮旅行体验感,同时,也能体现邮轮客舱服务员对游客的关心和负责任的态度。

晕船宾客

Seasick Guests

三、醉酒宾客服务

在邮轮客舱如遇到有宾客喝醉酒时,邮轮客舱部服务员既要耐心、周到,又要注意安全,包括宾客的安全、邮轮的财物安全和客舱部员工自身的安全。邮轮客舱部服务员在为醉酒宾客服务时,应做好以下几个方面的工作:

1.发现醉酒宾客

(1)当发现宾客在邮轮客舱房内不断饮酒时,邮轮客舱部服务员应特别留意该宾客动态,并通知客舱部主管。在适当情况下,应与当班其他客舱服务员或主管借机进房查看,切忌单独进房。

(2)邮轮客舱部服务员有时会在邮轮客舱楼层发现有醉酒宾客,这时应及时通知邮轮安保部人员将醉酒宾客带离邮轮客舱部楼层,并适当控制醉酒宾客的一些行为。

(3)若是已经确认好的客舱房间醉酒宾客,应在客舱部主管或其他客舱部同事的帮助下,安置宾客回房间进行休息。

2.视宾客醉酒程度给予适当的服务

(1)如果宾客饮酒过量,但尚清醒,应在客舱部主管、安保部门的见证下扶宾客上床休息,并将垃圾桶放在床边,以防宾客呕吐,并备好面巾纸、漱口水,放在床头柜上。宾客呕吐过的地面,也要及时清理干净。

(2)征求宾客意见后,给宾客泡一杯茶放在床头柜上。

(3)安顿宾客休息后,房间要留灯,如夜灯或廊灯,然后轻轻退出房间,关好房门。

3.注意安全

(1)密切注意客舱房内的动静,以防客舱房内物品受损或因宾客吸烟而造成火灾。

(2)对因醉酒而大吵大闹的宾客更要多留意观察,在不影响其他宾客的情况下一般不予干涉。但若发现宾客因神志不清而有破坏行为时,则应及时通知邮轮安保部人员、客舱部经理等。若已造成客舱部房内设备物品损坏时,应做好记录,待宾客酒醒后按邮轮公司相应规定进行索赔。

（3）若遇宾客倒地不省人事和有发生意外的迹象，如酒精中毒，应及时通知邮轮总经理，同时通知邮轮医务室医生前来检查，以保证宾客的生命安全。对醉酒宾客纠缠不休的，要机警应对，礼貌回避。

4.做好相应的记录

在邮轮客舱部服务员工作日报表上填写醉酒宾客的房号、宾客状况及处理措施。

醉酒宾客
Drunken Guests

四、行动不便宾客服务

在邮轮旅游中经常会遇到行动不便的宾客登船。在客舱服务中，服务人员应根据宾客行动不便以及生活自理能力差等特点，给予特别的照料。

在服务中应注意的事项包括：

（1）在宾客登船前，根据邮轮港口办理大厅提供的资料了解宾客的姓名、行动不便的具体情况、生活特点、有无家人陪同以及特殊要求等，做好相应的准备工作。

（2）宾客登船时，在廊桥梯口进行迎接，问候宾客并主动搀扶宾客进入客舱房间，帮助其提拿行李物品等。

（3）仔细向宾客介绍客舱房内的设施设备和配备物品，帮助宾客熟悉客舱房内环境，这点尤其重要。

（4）在宾客住宿期间，应特别加以关注，并适时给予帮助，如：搀扶其进出电梯、进行点餐服务、进行清洁服务，还要提醒宾客多加注意安全、小心滑倒等。当宾客离开客舱楼层到邮轮其他区域活动时，应及时通知其他区域相关服务人员给予适当照料。

（5）主动询问宾客是否需要客舱房间送餐服务，配合邮轮餐饮服务人员做好服务。

（6）应尽力承办宾客委托事项，通过与邮轮其他有关部门的协作，及时完成并回复，使行动不便的宾客在邮轮住宿期间倍感方便、愉快。

（7）为行动不便的宾客服务时，应主动热情、耐心周到、针对性强，并照顾到宾客的自尊心，对宾客行动不便的其他原因不询问、不打听，避免因言语不当而使宾客不愉快。

（8）当宾客下船时，邮轮客舱服务员应主动征询宾客的意见和要求，并通知邮轮安保部服务人员帮助宾客提拿行李，送宾客下船离开。

行动不便宾客

Incapacitated Guests

议一议
Discuss It

　　在邮轮客舱部服务中,你认为上述几项对客服务的种类符合邮轮宾客的需求吗? 还需再增加一些什么服务呢?

思考与训练

Practice and Drills

思考问答
Review Questions

1.客舱中心模式的优点是什么?
2.描述客舱对客服务的特点。
3.请列举出邮轮客舱部为住宿宾客所提供的服务。

单项选择
Individual Choice

(复习本模块课程内容。请将正确答案的选项填写在横线上。)

1.邮轮客舱部服务中心是邮轮客舱部管理的_____模式。
　A.优先服务　　　　　B.主导　　　　　C.辅助　　　　　D.固有
2.对于观光型游客,不属于其参与邮轮活动目的的是_____。
　A.岸上游览　　　　　　　　　　B.国家文化
　C.风土人情　　　　　　　　　　D.便于移民
3.邮轮客舱房间清洁的方法主要涵盖_____。
　A.由上到下　　　　　　　　　　B.先抹后铺
　C.环形整理　　　　　　　　　　D.注意角落
4.在邮轮客舱房间中遇到醉酒宾客时,不应该向其提供的服务是_____。
　A.提供一杯浓茶　　　　　　　　B.提供醒酒药
　C.随时关注宾客的情况　　　　　D.做好跟进和交流

实训练习
Training Exercises

项目名称:邮轮客舱房间服务。
练习目的:通过实训练习,学生能够熟练掌握各项客房服务的操作。
实训内容:各项邮轮客舱服务,包括房间清洁服务、洗衣服务、擦鞋服务等。
测试考核:随机抽取一项服务项目,进行模拟服务操作。

贴身管家服务

贴身管家服务主要负责给宾客提供全过程跟进式的服务。对宾客入住期间的需求进行全过程的提供,针对不同宾客的不同需求做好客户档案的收集与管理。

(以下内容参照"酒店贴身管家服务"的内容和流程描述,有些地方与邮轮实际服务不太相同,仅供学生了解和参考。)

一、贴身管家素质标准

1.具有基层服务工作经验,熟悉邮轮各前台部门工作流程及工作标准;熟悉餐饮部各个部门的菜肴,以及红酒搭配。

2.具有较强的服务意识,能够站在顾客的立场和角度提供优质服务,具有大局意识,工作责任心强。

3.具有较强的沟通、协调及应变能力,能够妥善处理与宾客之间发生的各类问题,与各部门保持良好的沟通、协调。

4.了解邮轮的各类服务项目,本地区的风土人情、旅游景点、土特产,具备一定的商务知识,能够简单处理与宾客相关的商务材料。

5.形象气质佳,具有良好的语言沟通能力。

6.具有广阔的知识面,具有较强的抗压能力。

二、贴身管家岗位职责

1.负责检查宾客的历史信息,了解宾客抵、离店时间,在宾客抵店前安排赠品,做好宾客抵达的迎候工作。

2.负责宾客抵达前的查房工作,宾客抵店前做好客舱间的检查工作及餐食的准备情况,准备宾客的客舱赠品,引导宾客至客舱并适时介绍客舱设施和特色服务。提供欢迎茶(咖啡、果汁),为宾客提供行李开箱或装箱服务。

3.与各前台部门密切配合,安排宾客客舱的清洁、整理、开夜床服务及餐前准备工作的检查和用餐服务,确保宾客的需求在第一时间得到满足。

4.负责客舱餐饮服务的点菜、用餐服务,免费水果、当日报纸的配备,收取和送还客衣服务。安排宾客的叫醒、用餐、用车等服务。

5.对宾客住宿期间的意见进行征询,了解宾客的消费需求,并及时与相关部门协调沟通、予以落实,确保宾客的需求得到适时解决和安排。

6.及时了解邮轮的产品、当地旅游和商务信息等资料,适时向宾客推荐邮轮的服务产品。

7.致力于提高个人的业务知识水平、技能和服务质量,与其他部门保持良好的沟通、协调关系,24 h为宾客提供高质量的专业服务。

8.为宾客提供会务及商务秘书服务,根据宾客的需要及时有效地提供其他相关服务。

9.整理、收集宾客住宿期间的消费信息及生活习惯等相关资料,做好客户档案的记录和存档工作。

10.宾客离店前为宾客安排行李、出租车服务,欢送宾客离店。

11.严格遵守国家相关的法律法规、行业规范及邮轮的安全管理程序与制度。

三、贴身管家服务程序

(一)抵店前

1.了解检查预订情况、保留客舱、检查客户记录、了解宾客喜好。

2.与相关部门沟通,及时跟进宾客的喜好安排。

3.抵店前2 h检查客舱、餐室状况和赠品的摆放。

①客舱的布置符合宾客的生活起居习惯及爱好等。

②注意宾客安全,隐私保密。

③及时与相关部门沟通,确保宾客喜好得到尊重和安排。

(二)住宿期间

1.提前10 min到大厅迎候宾客,宾客到后做简单介绍,引领宾客至客舱,介绍邮轮设施及客舱情况。

2.宾客进房后送欢迎茶及免费水果。

3.与各前台部门密切配合,安排宾客的客舱清洁服务、开夜床服务及点单、餐中服务等。

4.根据宾客需求每日为宾客提供房内用餐、洗衣、叫醒、商务秘书、用车、日程安排、当日报纸、天气预报、会务商务会谈、休闲等服务。

5.做好对宾客喜好的观察和收集,妥善处理好宾客的意见和建议。

6.做好邮轮各部门的沟通和跟进工作,满足宾客与超越宾客的愿望。

7.24 h为住宿宾客提供细致、周到的服务。

(三)离店前

1.掌握宾客离开的时间。

2.为宾客安排车辆,提供叫醒服务和行李服务。

3.了解宾客对邮轮的满意度,确保宾客将满意带离邮轮。

(四)离店后

1.做好宾客档案管理

　①公司、职务　　　②联系地址、电话及 E-mail　　　③个人相片

　④意见或投诉　　　⑤对客舱、餐饮、娱乐、商务等喜好

　⑥未来的预订　　　⑦名片

2.做好宾客遗留物品的处理

四、贴身管家房内用餐服务规程

1.接到宾客房内用餐要求后,及时将宾客的饮食习惯反馈到餐饮部。

2.根据宾客要求,将点餐单送到客舱。

3.根据宾客的用餐人数及饮食习惯为宾客推荐食品与酒水。

4.及时将宾客的点菜单反馈到餐饮部,做好餐前的准备工作,安排送餐。

5.点餐送入客舱后由贴身管家为宾客提供服务。

五、贴身管家服务的注意事项

1.注意宾客的尊称,能够用宾客的姓名或职务来称呼宾客。

2.将你的联系方式告知宾客,向宾客介绍贴身管家的服务职能是24 h为宾客提供服务。

3.注意宾客的性格,选择相应的沟通、服务方式。

4.客舱的温度、气氛(味、花)及音乐声音是否调到适宜。

5.宾客遗留衣物应洗好并妥善保存。

六、贴身管家特殊服务规程

1.行李开包:征求宾客意见后予以操作。

2.取衣。

3.熨烫:征求宾客意见后按服装的质地及款式进行操作。

4.配套、摆挂:将宾客衣物进行统一配套,按类挂好放入壁橱。

5.擦鞋:执行客舱擦鞋工作规程。

模块 四

邮轮客舱基础管理

Module Four

Basic Management of Cruise Cabin

学习目的

Learning Objectives

1.了解客舱安全理念；
2.了解邮轮客舱内用品管理方面的内容；
3.了解客舱对客服务质量督导；
4.熟悉客舱清洁和保养质量管理；
5.了解客舱部员工配备标准、选择与培训等。

知识与技能掌握

Knowledge & Skills Required

1.掌握客舱安全管理特点和管理制度；
2.掌握客舱应急预案处理方法；
3.掌握客舱用品的划分、选择原则和备用品管理等内容；
4.熟悉客舱部劳动力安排及成本控制；
5.熟悉客舱部员工评估与激励等。

邮轮客舱安全督导 # 项目一

Supervisor of Cabin Safety
on Cruise
Task One

本项目数
字化资源

任务
一 | ## 了解邮轮客舱安全理念

　　邮轮行业应始终坚持安全第一、预防为主,建立大安全大应急框架,完善公共安全体系,推动公共安全治理模式向事前预防转型。同时,提高防灾、减灾、救灾和重大突发公共事件处置保障能力。尤其是在安全隐患多发的区域,更应该加大安全管理的力度。

一、邮轮客舱安全的目标

　　邮轮客舱安全的目标是保证邮轮客舱、游客、船员的人身及财产安全,同时也要求邮轮公司在对客舱设计、设施布置、服务以及管理过程中,应充分考虑安全的因素,其在建筑、设施设备、运营管理方面也应符合安全消防、安全法律法规和标准,从而达到保证宾客、员工环境及生活安全的目的。

二、邮轮客舱安全与管理

　　所谓的安全是没有危害、危险、不受到威胁和损失的。客舱安全是指游客在邮轮客舱内的人身、财产、正当权益等不受侵害。邮轮公司不仅要提供舒适干净的邮轮客舱、热情周到的服务来满足不同宾客的需求,还要特别重视宾客的安全需求,为游客提供安全的客舱环境是客舱服务员应尽的责任和义务。安全是邮轮各项服务和活动的基础,也是邮轮经营和运行的保证,只有在安全的环境下,各项服务活动才能展开。客舱是游客在邮轮旅行过程中停留时间较长的区域,也是邮轮安全事故和隐患发生较多的区域,是邮轮安全防

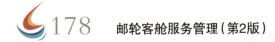

范的重点部门之一。

邮轮客舱安全管理是指针对客舱安全而进行的有组织、有计划、协调、控制等的活动。为了更好地保障客舱内游客和员工的人身和财产安全，以及邮轮财产安全，管理者应该在客舱日常的管理中提高安全防范意识，遵守安全规定，采取积极有效的措施避免事故的发生。客舱服务员应加强安全责任意识，根据邮轮客舱部安全工作的特点，切实做好客舱的各项安全工作等。游客要了解客舱的安全管理知识，并遵守客舱的安全管理规定。

三、邮轮客舱安全的内容

1.客舱的安全

邮轮应保障客舱辖区内的所有基础设施设备功能完善、正常运行，定期进行检查、维修和保养，坚决杜绝因硬件设施的使用不当或缺陷造成的伤害。在邮轮客舱内导致不安全的因素有火灾、偷盗、食物中毒、骚扰、疾病传播、利用客舱实施"三毒活动"（黄、赌、毒）的犯罪活动等。这些因素都会对客舱安全造成影响。

2.游客的安全

客舱的安全首先是游客的安全。按照惯例，游客在邮轮办理完登船手续后，即与邮轮公司构成了合同关系，契约行为使邮轮有责任和义务对游客的人身、财产和心理安全等方面进行保障和维护，并保证邮轮在客舱内的人身、财产和正当权益不受侵害，以及心理和精神上也不受伤害。

3.员工的安全

邮轮有责任和义务保护员工的人身、财产安全，其中包括健康保障和职业安全，因为邮轮与员工之间已经建立了雇佣关系，同时邮轮的员工也必须要履行自己的职责和义务，在加强自我保护意识的基础上，还要完成对游客的安全保护。

总之，客舱安全是伴随着邮轮接待服务而开展的。常言道"安全系于大局，责任重于泰山"，客舱安全包括了客舱、游客和员工安全，涉及人身安全、财物、心理等方面的内容，它是一项专业的、持久的和复杂的工作。

任务二｜掌握邮轮客舱安全管理的特点

邮轮客舱安全管理是邮轮整体安全管理的重要组成部分之一。

一、难度大

一艘大的邮轮的客舱数量大多在 1 000 间以上。邮轮旅游作为一种高端的旅游度假产品,客舱物品配备丰富,易燃物品多,游客用电量大,潜在的不安全因素多。邮轮又是一个休闲度假的区域,游客的安全意识较薄弱,也就容易成为不法分子的偷盗目标等,从而会增加客舱安全管理的难度。

二、要求高

客舱安全管理的项目较多,专业技术含量较高,同时要全面了解邮轮的防火、防盗、防爆以及处理突发事件等知识;掌握客舱操作技巧,特别是涉外案件会直接影响国家的形象,所以对邮轮从业人员的全面素质提出了更高的要求。客舱服务员在工作中,既要讲究原则,又要有灵活性。

三、弱点多

客舱属于游客在邮轮上的私密空间,具有隐蔽性,因此安全隐患不易被发现。所以处理好“热情待客”与“防止犯罪行为”两者的关系是一件很不容易的事情。安全措施的有效实施,需要游客的理解与配合,从而也存在一些不确定因素。

任务三　熟悉邮轮客舱安全管理制度

一、责任区划分明确,组织健全

邮轮安全管理工作应在船长的统一领导下,由各部门的管理人员组成安全委员会,负责整个邮轮的安全保卫工作,处理安全事件,制定各项安全防范制度和措施。邮轮客舱部应在邮轮酒店部门的统一领导下成立专门的安全管理组织,邮轮客舱部经理担任负责人。

为明确划分责任安全区域,保证各项安全工作落实到位,邮轮客舱部经理将以工作范围为基准,按照“以防为主,谁主管谁负责”的原则,确立安全管理的责任人。

客舱安全区采取以楼层为责任区,楼层主管或客舱主管为责任人,主管将楼层区域再划分为若干个区块,层层划分,责任到人,上一级负有连带的责任。安全责任制分工明确,责任清楚。

客舱安全事项包括消防安全、治安维护、作业安全、清洁卫生和公共区域的财产安全等。

二、强化意识,培训到位

安全培训是邮轮安全管理的重要内容之一。为了使全体船员能够正确运用安全的工作方式对客服务,减少安全事故的发生,消除安全隐患,强化安全意识和到位的培训就显得尤为重要。安全培训有入职培训(上岗前)、工作指导、再培训三种。入职培训是对新到邮轮工作的员工进行的安全制度和条例等方面的培训;工作指导是定期(一般一个星期)对船员进行培训和考核;再培训是对引进新设备、创新项目等方面进行的培训,只要有需要就可进行再培训。无论是邮轮新员工还是老员工,安全培训都是所有培训中一项不可或缺的培训。

开船前安全演练培训

Security Drills Training Before the Seamen Sailed

邮轮对员工的安全培训,一般情况下包括:安全基础知识、安全应急方法、邮轮消防、火灾预防、自然灾害、停电、逃生、宾客伤病、宾客醉酒以及宾客死亡等事故的处理。通过安全培训、安全应急预案演习等方式,员工能够掌握基本的安全知识和各种状态的处理技巧,一旦发生安全事件,邮轮客舱部服务员能冷静、迅速地采取有效措施,尽量避免或减少人员伤亡和财物损失。培训能够加强员工的安全意识,明确员工在客舱安全管理中肩负的重要责任,理解客舱安全管理的重要意义。

根据《SOLAS 公约》,从事非短途国际航行的客船,应在乘客上船后 24 h 内举行乘客集合演习。如果航线较长,集合演习的频率会相应增加。除此之外,邮轮公司可制作安全提示卡、服务指南和安全宣传册等,提醒宾客要注意安全,增强安全防范意识,使宾客自觉遵守安全管理制度和安全条例,并配合邮轮做好安全管理工作。邮轮有责任采取适当方法,强化他们的安全意识并提醒宾客对自身安全负责。

三、层层落实,制度合理

为有效地落实邮轮安全管理,必须层层落实到位,并建立科学、有效、合理的安全管理制度体系,使邮轮的安全管理工作有执行依据和行动指南,同时也达到保障邮轮安全工作的目的。

首先,在制定安全管理制度时,要梳理构成客舱各种不安全的因素,通过调查研究消除事故的隐患,结合部门特点、按照岗位业务运行过程,制定出邮轮客舱安全管理制度。其次,为达到解决和处理实际问题的目的,就必须制定出各岗位、各项服务工作的具体、详细的安全工作标准和方法。

邮轮客舱安全制度,主要包括安全工作标准和操作规程、客舱钥匙管理制度、贵重物品寄存管理制度以及安全应急预案等。

条例规章健全,岗位安全责任清楚,内容明确具体,层层落实到位。邮轮客舱为保证安全制度落实到位,除执行安全监督、检查外,更要鼓励员工自觉学习安全知识、防火知识、安全管理制度以及安全操作规程等,掌握安全器材与设施的使用方法,保障无违反安全管理制度的现象发生。为保证管理制度的执行,管理者还应建立奖惩制度,对真正保证邮轮安全的职工进行奖励;对事故违规责任人进行层层追究责任,并按照奖惩办法进行相应的处罚。

四、安全设施设备等的配备完善

邮轮客舱安全系数的高低与安全设施设备及用品的配备是否完善有着直接的关系。邮轮为保障游客住宿期间的安全,必须在楼层区域设立各项安全设施设备。在一般情况下,电视监控系统由摄像机、录像机、电视屏幕等组成。邮轮通过对客舱楼层出入口处、走廊、电梯内部等区域进行监视,使入住的游客有安全感,也给客舱区域带来有效的安全保障。同时,邮轮客舱还有其他的安全设置,例如:钥匙系统的管理,也具有间接监控的功能,管理人员通过检查门锁系统,可以得到一段时间内所有宾客进入房间内的记录;房间大门上安装的窥视镜、安全链(安全环)以及双锁,门后张贴安全疏散图,都起到告之游客所在的位置及安全疏散的方向和路径的作用;壁橱内安装供游客存取贵重物品和财物安全的保险箱;天花板上也设有温感喷淋头消防设备和烟感报警器,供自动灭火和报警时使用;为防止意外事件发生,在床头柜和卫生间靠近浴缸处,安装安全报警及呼救设施,供游客发生意外时紧急呼救用;楼道内也要根据消防的要求,安装完善的消防设施设备以及通畅的消防疏散通道等。

邮轮安全设备

Safety Equipment on Cruise Ships

五、重视并加强检查和督导过程的管理

　　邮轮客舱安全检查是对安全过程管理进行督导的一种形式。通过客舱安全检查，可以及时发现安全隐患和各种不安全的因素。同时，为了防患于未然，可采取定期检查和不定期抽查的方式履行客舱安全检查的职责。

　　在一般情况下，邮轮客舱安全检查的主要内容是：客舱区域楼层和客舱房间内的安全装置、客舱设施设备的运转和维护情况、员工在工作中的各种安全疏漏以及灭火设备和消防报警等。

监控摄像头
Surveillance Cameras

后部监控设备
Back of the House Monitoring Equipment

 任务四 ‖ 掌握邮轮客舱应急预案处理方法

　　在客舱的实际管理中,安全问题始终是每位管理者最关心的问题,为游客提供一个安全的住宿环境,是邮轮客舱安全管理的重要任务。邮轮客舱安全管理主要以防火、防盗、防爆、防突发事件为主。安全问题有着随机性、复杂性和不可控制的特点,这就大大增加了邮轮客舱部管理的难度。所以,做好邮轮客舱安全事故的预防和应急处理尤为重要。

　　下面重点以邮轮上最危险的火灾为例,对其危险性和应急处理进行介绍。

一、火灾的危险性

　　虽然邮轮火灾发生率很低,但是一旦发生,后果就会相当严重。因为邮轮在航行时获得救助的可能性较小,不可能像在陆地上发生的火灾一样能够及时调集大批消防力量进行灭火,而且邮轮的复杂结构也会增加查明火源和灭火工作的困难程度,因此,火灾很可能在较短时间内酿成重大的灾难。

　　邮轮上都安装了火灾探测及报警系统,目的是尽早发现初起的火灾,通过报警呼唤人员及时进行扑救,以最大限度地减少火灾损失。该系统还可以担负其他辅助功能,例如,自动关闭门窗、自动切断通风机和启动自动灭火器组等。船舶的消防警铃声连续发出短声,持续 1 min 后,另加火灾部位指示信号,一短声表示在船前部,两短声表示在船中部,三短声表示在船后部,四短声表示在机舱,五短声表示在上层建筑。

邮轮客舱楼道内火灾报警设备

Fire Alarm Equipment in Passenger Cabin Corridor

二、火灾的应急处理

在邮轮的消防应变中，船长为总指挥，大副或者轮机长任现场总指挥，一旦发生火灾，邮轮客舱部服务人员必须保持镇静，迅速采取有效措施，正确处理紧急状况，组织人员疏散逃生，流程大致如下：

（1）听到警报后，船长应立即到驾驶台，指挥全船的灭火行动。所有船员及游客要按照消防应变部署表指派的任务，佩戴好个人防护用品，携带消防器材，在 2 min 内奔赴指定的集合地点，听候船长的统一指挥，在现场指挥的指挥下开展、配合扑救工作。

（2）扑救船舶火灾应按照火灾的发生部位和火灾的性质，根据邮轮消防应变部署的要求进行。消防应变中如发现有人员受伤或被困，应立即向现场指挥报告，现场指挥向总指挥报告，总指挥根据当时的具体情况下令调整原定部署，立即展开救助行动，在任何情况下救助人命都是重中之重。

（3）在救火应变的过程中，全体船员必须团结一致，同舟共济，协同作战，要在思想上做好可能弃船的准备。当救火转入弃船时，船员应立即到达弃船应变岗位。

（4）在救火应变的过程中，当船舶火灾失控后，船长应下达弃船命令，由警铃或汽笛连续发出七短一长声，持续 1 min。船长必须在全体游客及船员离船后最后离船。

议一议
Discuss It

　　请大家议一议：你们觉得客舱部在对火灾的防范上，还应采取哪些方面的措施？

邮轮客舱用品管理　项目二
Cabin Amenities Management　Task Two

　　邮轮客舱为游客提供的用品配备是否齐全、合理都会直接影响游客的满意度。同时,为了保护海洋环境,游客客舱一般不会提供一次性的用品,建议游客自行准备。有效加强对客舱用品的控制,是邮轮客舱部用品管理中最重要的一个环节。

任务一 | 了解邮轮客舱用品的划分

　　邮轮客舱房间内的备品,通常都是在客舱内使用的,一般不允许宾客带走,但有时却被游客误当成赠送的物品带走。一般邮轮客舱内的备品包括:服务夹、布草、衣架、茶水具、酒具、卫生间防滑垫、电视机和保险箱等。

　　另外,还有一些物品存放在客舱楼层工作间内,供一些有特殊需求的游客临时使用。但是也有不少游客,特别是女性游客,经常会向客舱楼层服务员询问熨斗、熨衣板、荞麦皮枕头、毛毯等物品。因此,邮轮客舱部也应准备好这类物品,以满足不同游客的需求。

任务 二 掌握邮轮客舱用品选择的原则

鉴于邮轮客舱用品的种类繁多,因而在对其选择时,必须要坚持正确、相应的选择原则。

一、经济实用

邮轮客舱用品是为了方便邮轮游客的生活而提供的,因而要做到经济实惠、物尽其用。

二、美观大方

在清洁舒适的邮轮客舱里,美观大方的客舱用品的布置会令人赏心悦目,给宾客留下很好的印象和美感;反之,如果做不到这一点,则有廉价和粗糙的感觉。

三、耐用适度

在一般情况下,邮轮客舱用品应能够充分体现出邮轮的档次,同时也会突出其特有的风格。

根据上述原则和游客旅行的时间长短,可以初步总结出壁柜内的衣架数,应达到每位宾客不少于 12 支,其中设 3 支西服衣架,9 支可挂裙装的丝绸衣架,如果有带夹子的裤架,就更方便宾客了。"口袋形"擦鞋布在使用时,较受宾客欢迎。针线包内应备有白、红色等多种颜色的涤纶丝线;针的号数应适中,不宜过小,也不要有生锈现象,故不宜大批量和长时间储存。总之,在选择客舱用品时应遵循上述 3 条原则。

任务三 熟悉邮轮客舱备用品

一、客舱备用品的总配备量

客舱的消耗性用品一般是非循环性的用品，它的使用量与客舱开房率和物品使用率有关，实际使用量可能远远大于根据客舱配置需求量预算的标准储备量。如果消耗性客用品仅是根据出租房标准量来配置的，那么就会导致严重的物品短缺。所以，要保证消耗性客用品的正常供应，就必须通过确定最小库存量与最大库存量来设置和控制。购置件数一般以物品运输的容积为单位，如：箱、盒、桶。邮轮客舱的消耗性客用品的数量，绝不能低于该项物品确定的最小储备量。

二、客舱备用品各分发点配备量

客舱备用品在客舱楼层区域（工作间内）应有一定的储备量，同时也要制定一个合理的储备量，既不会过多地占用流动资金，又可以满足对客服务的需要。

1.邮轮客舱配备标准

根据邮轮客舱配备标准，详细规定各种类型及等级的客舱用品配备及摆放的位置，将其以书面形式固定下来并附有图片，以供日常发放、检查及培训时用，这也是控制客舱备用品的基础。

2.工作车配备标准

工作车配备标准，一般是以一个班次的耗用量为基准，如早班清洁员每天清洁客舱的耗用量用来配备各类物品。一般客舱均会以12间或13间邮轮客舱的耗用量为参照标准来配备各类物品。

3.楼层工作间储备标准

楼层工作间一般备有一个航程的客舱备用品储存量，客舱备用品消耗用量应列出明确的标准，并置于工作间明显的位置，以供相关人员申领物品时参照使用。

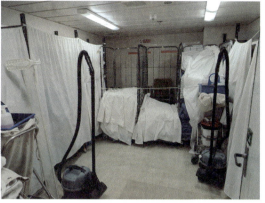

邮轮客舱楼层工作间

Workshop on Cruise Cabin Floor

三、客舱备用品的日常管理

客舱备用品控制工作中最容易发生问题的一个环节就是日常的管理,也是客舱工作中最重要的一环。一般邮轮客舱部对消耗性客用品的日常控制会采取"三级控制"的方法。

1.第一级控制,即楼层客舱主管(主管)对客舱服务员直接的控制

(1)通过每日清洁工作表来直接控制客舱部服务员的消耗量。客舱楼层客舱主管(主管)通过客舱服务员的做房报告表,控制每位服务员领用的消耗性客用品量,分析和比较每位客舱服务员每间房间、每客的平均耗用量。客舱服务员按规定的数量和品种为客舱配备和添补用品,并在服务员工作表上做好相应的记录。客舱主管(主管)凭服务员工作表对客舱服务员领用消耗性客用品的情况进行核实,其目的是防止客舱服务员偷懒或克扣宾客用品并占为己有。

(2)督导与检查。客舱主管(主管)通过现场督导和指挥,减少消耗性客用品的损坏和浪费。客舱主管(主管)督导服务员在引领宾客进房时,必须按邮轮客舱服务的规程介绍房间设备用品的性能和使用方法,避免不必要的损坏。同时,督导和检查客舱服务员清洁房间的工作流程,杜绝服务员的野蛮和违规操作。如少数服务员在清洁整理房间中图省

事，将一些宾客未使用过的消耗性客用品当垃圾一扫而光，或者乱扔客舱备用品等，客舱主管（主管）应及时对其加强爱护消耗性客用品的教育，尽量减少人为的破坏和浪费。

2.第二级控制，即建立消耗性客用品的客舱主管责任制

各种消耗性客用品的使用主要是在楼层进行的，因此使用的好坏和定额标准的掌握，其关键在客舱主管（主管）。因此，建立楼层消耗性客用品的客舱主管（主管）责任制是非常必要的。

（1）邮轮客舱楼层应配备消耗性客用品管理人员，做到由专人负责。客舱楼层可设一名兼职的行政客舱主管和一名专业客舱主管。行政客舱主管负责楼层物资用品的领发和保管，同时协助专业客舱主管做好对服务员清洁、接待工作的管理。

（2）建立楼层"固定资产管理"的档案。平时如对资产增减或移动时，必须获得楼层主管或经理的批准，并由楼层主管在固定资产登记卡上进行更改，以加强客舱主管（主管）的责任心。

（3）客舱主管每天汇总本楼层消耗性客用品的数量，向大库房进行报告。客舱主管每周日应根据楼层的存量和一周的消耗量开出领料单，交邮轮客舱中心库房。每月月底配合邮轮客舱中心人员对库房各类物品进行消耗性客用品的盘点。

3.第三级控制，邮轮客舱部对客舱备用品的控制

邮轮客舱部对各楼层的客舱备用品进行控制时，一般可以从两个方面着手：一是通过邮轮客舱中心库房的管理员（物品领发员），其主要是负责整个邮轮客舱部的消耗性用品领发、保管、统计和汇总工作；二是通过楼层主管，建立相应的规范和采取相应的控制措施，使消耗性用品的消耗在满足业务经营活动需要的前提下，达到最低消耗的限度。

（1）中心库房对客用品的控制。可由中心库房的物品领发员或邮轮客舱服务中心人员对每日邮轮客舱楼层的客用品耗费的总量进行直接的控制，同时其也负责统计各楼层每日、每周和每月的客用品使用的总损耗量，并结合客舱出租率及上月耗损情况，制作每月客用品消耗分析对照表。

（2）楼层主管对客用品的直接控制。楼层主管或邮轮客舱部经理对客用品的控制主要通过加强对员工的思想教育和制定有关的管理制度来实现。客舱备用品的流失主要是由员工造成的，因此要对服务员做好思想教育工作和加强管理，这是非常重要的。楼层客舱主管（主管）也要通过服务员每日清洁房间的数量，及时有效地控制其物品的消耗量，并加以分析和比较每位服务员每间邮轮客舱的平均耗用量。

邮轮库房

Cruise Warehouse

邮轮客舱质量督导　**项目三**

Cabin Quality Control　**Task Three**

本项目数字化资源

任务一 | 了解邮轮客舱对客服务质量督导

　　邮轮客舱部为了满足不同宾客的需求,给他们营造一个温馨的"家"的感觉,一般都会对宾客提供较多的服务项目,也包括一些随机性服务,所以其工作中的重点就是要加强和控制对客服务的质量。

一、相关服务标准的制定

1.服务程序标准

　　服务程序标准是服务环节的时间顺序标准(如客舱清洁服务程序、开夜床服务程序等),即在服务操作上确定先做什么,后做什么。该标准是保证服务全面、准确及流畅的前提条件。

2.服务设施、用品标准

　　服务设施、用品标准是指邮轮为游客所提供的设施和用品的质量、数量的标准。这项标准是在硬件方面控制服务质量的有效方法,是从质量、数量、状态三个方面去制定的标准,如:在数量上,要求每间客舱内配置茶水杯 2 个;在状态上,要求提供 24 h 的冷热水服务。

3.服务效率标准

一般对客服务的效率标准,是指在有效的时间内完成宾客的要求。如:接到宾客要求送物品到房间的电话后,应在 3 min 之内将物品迅速、准确无误地送至宾客房间内,体现出时间和效率的标准化。这项标准的制定,要视不同邮轮的具体情况而定,且要有专业管理人员的参与及对员工的专业化培训后,方可达到理想的效果。这个标准是保证宾客能得到及时、快捷、有效服务的前提条件,也是客舱服务质量的保证。

4.服务技能标准

服务技能标准一般是对客舱服务员的服务操作水平所制定的标准,如:客舱清洁和整理标准、铺床标准、开夜床标准等。客舱服务员只有掌握熟练的服务技能,才能更好地为宾客提供优质的服务。

5.服务状态标准

服务状态标准是对服务人员的言行举止、服务意识所规定的标准。例如:遇见宾客时,先微笑,然后礼貌地打个招呼;以友善热诚和礼貌的语气与宾客说话;迅速回答宾客的问题,并主动为宾客找出答案;预知宾客需要,并帮助其解决问题。

6.服务规格标准

服务规格标准是针对不同类型游客所制定的不同规格标准,如在 VIP 房间放置鲜花、酒水、水果、糕点等,以便更好地提升对特殊宾客的服务水准。

7.服务质量检查和事故处理标准

服务质量检查和事故处理标准是对上述各项标准贯彻和执行情况的检查标准,也是衡量客舱服务质量是否有效且最直接的尺度和检查方法。此标准重点由两方面内容构成:一是对员工的奖惩标准;二是对游客补偿及挽回不良影响的具体措施。

二、提高客舱服务质量的途径

1.提高客舱部服务员的服务技能

服务技能和操作规程是对提高客舱服务质量和工作效率的重要保障。邮轮客舱部服务员必须能熟练掌握和运用服务技能。邮轮客舱部可以通过岗前培训、强化训练、技能竞赛等多种形式或手段来提高邮轮客舱部服务员的服务技能水平。

2.培养客舱部员工的服务意识

服务意识是员工应该具备的基本素质之一,也是提高服务质量的根本保证。就邮轮客舱部而言,很多工作是有规律可循的。邮轮客舱部的管理人员根据这些规律,制定服务程序、操作规程和质量标准来保证服务的质量。但也有一些问题是随不同情况而发生变化的,这就要求客舱部服务员必须要有相应的服务意识,只有这样才能将自身的服务工作做得更好。

3.为宾客提供个性化的服务

规范化的服务是保证客舱服务质量的基本要求,但每位宾客都是不同的,都有自己的个性与特点,要向游客提供优质的服务,就必须为其提供相应的个性化服务,才能使游客满意和惊喜。超值的个性化服务,也会为邮轮培养一批忠实的宾客。

三、重视服务的细节化

　　任何邮轮在其经营过程中都会非常注重服务的细节。"时时、处处、事事"都要从游客的角度去考虑。如:有些邮轮为更加方便游客使用行李,会在宾客登船后迅速地把行李运送到房间,在宾客离船前的 12 点之后收集行李运往港口。客舱部服务员还会折叠各种毛巾宠物给游客欣赏。"细节决定成败,细节成就完美",邮轮客舱部的任何服务都必须关注每个细节,只有在各细节上多下功夫,才能提升整体的服务水平。

四、征求和收集游客的意见

　　游客是客舱服务的直接消费者,也是客舱服务缺陷的发现者。因此,每位游客对客舱服务产品最有发言权。邮轮客舱部要提高对客服务的质量,征求游客的意见是十分重要的途径之一。征求游客意见的方法和途径最常用的有以下几种:

　　1.游客意见反馈表

　　为了能及时地征求到游客对于邮轮客舱部各项服务的意见,在一般情况下,游客在离船前一晚可收到游客意见反馈表。在设计意见反馈表的过程中要注意,表格设计要简单、清晰、易填写;注意保密,可设计成由游客自己密封的折叠式信封状表格,而且自带胶水黏合的式样。以此可作为考核客舱服务员工作好坏的重要依据之一。

游客意见反馈表

Tourist Feedback Form

　　2.直接向游客征求意见

　　邮轮客舱部经理或主管也可以随时或定期地拜访游客,了解游客对邮轮客舱的各项

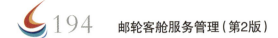

需求,从而能及时、有效地发现客舱服务中存在的问题,进一步制订和修改有关计划并加以改正。这样做,一方面可以加强部门与游客间的沟通和交流,也可以大大地增进宾主双方的了解和信任;另一方面也能发现邮轮或部门自身的不足并加以改进,从而有利于提高游客对客舱服务的满意度。

3.员工意见反馈

对游客需求和满意情况最了解的是与游客接触最多的一线员工。他们的信息来源最直接、快捷、丰富和可靠。一位基层的员工肯定比管理者更经常听到"枕头太高了,不舒服""你们的毛巾不够柔软,用着很不舒服"等类似的话语。员工当中往往有许多建议、信息或一些好的想法,如果能通过科学、有效的渠道加以收集和反馈,那么整体的服务和效益将会有更加显著的提升。

4.专项调查

所谓的专项调查就是针对游客的一种专门性的调查。一般会事先设计好一张调查表,并放置在游客容易看到的地方,如写字台、床头柜、餐桌等处。这种专项调查更具有一定的针对性,也能更多地获取游客对某些服务需求的反馈。同时,也可以通过网络问卷调查得到游客对邮轮旅游期间客舱服务的一些反馈意见。

任务二　熟悉邮轮客舱清洁保养质量管理

客舱的清洁保养是邮轮客舱部的主要任务之一,它的基本目标是:(1)搞好清洁卫生,去除油垢、尘土,杀菌、消毒等;(2)保证客舱环境始终清新;(3)更换和添补邮轮客舱用品,为宾客提供一个干净、舒适、方便的"家";(4)维护保养延长客舱设施设备的使用寿命;(5)满足宾客对客舱产品质量的要求。

为了使清洁保养工作有据可依、有章可循,一般就会要求邮轮客舱部根据清洁保养的区域范围、各种物品面层材料的质地、设施设备配置状况以及部门管理等特点,制定科学合理的清洁保养质量标准与规程。这样做也为邮轮客舱部的员工确立了工作目标,明确了努力的方向。

一、熟悉清洁保养标准

邮轮要保证清洁保养的质量,那就必须制定相应的标准,有了标准才能使清洁保养工作有一个明确的目标,监督、检查工作也就有了依据,同时这个标准也是评估员工表现的依据。

邮轮客舱清洁保养的标准,主要有三个方面的内容:一是操作标准,主要用于对工作过程的控制,将服务环节根据时间顺序进行有序排列,既要求做到服务工作的有序性,又要求保证服务内容的完整性。二是功能性标准,也叫生化、感官标准,主要用于对工作结果的控制。客舱清洁保养标准的设计还应该考虑合理性、适应性、针对性三个方面的因素。三是时效标准,主要用于对工作进程的控制,以保证宾客得到快捷、有效的服务。

1.操作标准

标准是对工作成果的具体要求。应该对使用什么样的工具,需要多少时间,具体的操作方法、步骤,达到什么样的目标等进行说明,客舱清洁保养的操作标准应该按照邮轮的经营理念、方法以及市场需求为依据制定。

(1)操作流程。为确保清洁保养的质量,使清洁保养工作有条不紊地进行,邮轮应根据客舱的发展和宾客需求制定出一整套操作流程,并根据实际变化不断对其加以修订和完善。操作流程主要包括操作程序、方法、技巧、所用工具用品以及操作时间等。操作流程的制定应考虑方便管理人员对工作进程的控制,杜绝安全事故,避免清洁器具、用品的浪费,降低劳动成本等因素。

(2)清洁次数。清洁次数是指服务员每天进房清扫整理的次数,是客舱服务规格高低的重要标准之一。一般来说,清洁次数多,客舱清洁卫生要求就会相应提高,同时客舱服务规格也会提高,但成本费用和宾客被打扰的概率也会相应提高。因此,在确定清洁次数时要充分结合宾客接待档次、规格、成本费用标准等因素,大多数邮轮采用二次清洁和三次清洁。但还应按照宾客的需要灵活掌握,在具体执行时只要宾客有需求,就应当尽力满足。

(3)布局规格。布局规格是指客舱及周边区域设施设备、用品的布置要求,总体布局要实用、安全、方便、美观。布局规格标准可用量化和直观的方法加以规定和说明,用品的品种、设施设备、规格及摆放位置、数量、摆放方式等,都必须有明确、统一的规定。

2.功能性标准

生化、感官标准也叫作功能性标准,是指清洁保养工作要求达到的效果,是清洁保养必备的质量标准。它体现出邮轮客舱的规格、档次,体现出邮轮员工为游客服务的水平,体现出对不同游客需求的满足程度。客舱的清洁卫生质量标准,一般说来包括两个方面:一是生化标准,即防止生物、化学及放射性物质污染的标准,往往由专业卫生防疫人员来做定期或临时抽样测试与检验。生化标准通常是不能被人的感觉器官直接感知的,需要借助于专门的仪器设备和技术手段来测试和评价。生化标准的核心要求是客舱内的微生物指标不得超过规定要求。生化标准是客舱清洁卫生质量更深层次的衡量标准。二是感官标准,是指邮轮员工和游客通过视觉、触觉、嗅觉等感觉器官能直接感受到的标准。

3.时效标准

时效管理是邮轮为游客提供快捷服务,从而提高收益的重要方法。客舱服务应通过对时效性的重要地位的强化,制定出有效的衡量标准,以此来提高游客入住的次数、周期,实现邮轮有针对性地在自己的标准住宿产品中添加更有效、更多的产品和服务,从而获得经济效益。

为了保证客舱清洁保养工作效率和合理的劳动消耗,客舱部实行时效管理,对客舱进行清洁保养的服务时间、内容等进行规定,制定出有效的衡量标准,形成清洁保养工作的时效标准,提高服务操作的效率。制定清洁保养的时效标准时,一般都应重点考虑以下因素:

（1）人员素质。客舱人员是否有良好的职业道德，有敬业爱岗的主人翁精神；是否经过系统的培训，具有良好的工作习惯和娴熟的工作技能等，是决定其工作效率的重要因素，对时效标准的制定也有一定的影响。

（2）质量标准。不同的客舱规格有不同的要求，一般客舱清洁保养要求的质量标准越高，相应清扫起来的时间也就越长，标准清扫的定额也相对减少。

（3）服务模式。邮轮客舱服务员不同于酒店服务员，客舱服务员在邮轮的航线中专门负责固定宾客的房间清扫，这样有利于评定每位服务员的服务质量，也有利于游客能有效及时地和客舱服务员进行沟通。

（4）清洁器具。现代的先进清洁器具是做好清洁保养工作的保障。清洁器具配备得是否完好、齐全、先进以及其自动化水平的程度高低等，都会直接影响客舱服务员的劳动强度和速度，在很大程度上能够反映出客舱服务员的工作效率和效果。

（5）客源情况。邮轮客源成分复杂，国籍、民族、肤色、社会地位、身份、生活习惯等都会不同程度地影响邮轮卫生状况，也会影响清扫的时间和速度。

二、熟悉清洁保养规程

清洁保养规程是邮轮进行制度化、规范化管理的基础，同时也是清洁保养质量控制的依据。清洁保养规程的制定应符合方便宾客、方便操作、方便管理的原则，要详细、具体、周全、可操作性强。清洁保养规程主要有客舱日常清洁保养的规程和客舱周期性清洁保养的规程等。

1.客舱日常清洁保养的规程

客舱日常清洁保养的规程主要包括：客舱清扫的准备规程、客舱清洁卫生的操作规程、客舱房清扫的基本方法、客舱夜床的整理清洁规程、客舱及用品消毒的规程等内容。

2.客舱周期性清洁保养的规程

一般客舱在日常清洁保养的规程基础上，都会制定合理的周期性清洁保养的规程。在日常工作的基础上做好周期性工作，可在一定程度上达到减少消耗、控制成本的效果。清洁保养规程的制定，有效地确保了客舱整体清洁保养的质量。

三、有效控制清洁保养的质量

邮轮客舱部的各层次管理者，在日常清洁保养工作中，应不断强化和提高员工对卫生质量的意识以及对清洁保养质量标准的认识。按照清洁保养计划和程序，安排和指导员工正确使用各种清洁器具和设备，认真细致地完成各项清洁保养任务，从而确保邮轮整体的清洁保养质量。

1.有效控制质量的工作基础

邮轮清洁保养工作应具备的工作基础为服务人员、清洁设备和清洁剂。管理者应当依据邮轮规模、档次等实际情况，选择一定数量的、适用的清洁设备和安全有效的清洁剂等，为邮轮清洁保养工作创造有利的、必要的物质条件。

客舱服务员是直接操纵并使用清洁设备和清洁剂的，上岗前必须对他们进行专业化的岗位培训与指导,让他们树立起"卫生第一、规范操作"的服务意识,掌握清洁保养的各种专业知识和技能,使其熟练操作、正确使用各种清洁保养设备和工具,并养成良好的职业习惯等。要求客舱服务员及管理人员要从自身做起,注意个人卫生和着装,树立良好的自我形象。

2.严格进行邮轮清洁保养质量的逐级检查与控制

落实客舱清洁保养工作的重要保障是检查体系、逐级检查制度、规范检查三个方面。达到邮轮清洁保养质量的逐级检查与控制的前提是建立和健全清洁保养质量检查体系,明确清洁保养质量管理的组织机构及人员分工,确定全面质量管理负责人、督查人和实施者。

(1)建立邮轮检查体系

各邮轮高层次检查形式不相同,主要有酒店部经理检查、各部门联合检查等。

①酒店部经理检查

酒店部总经理定期或不定期亲自对客舱等进行抽查,通过实地检查,可以了解客舱状况、员工动态、工作表现、清洁效果、宾客意见等,掌握第一手资料,对完善管理、提高清洁保养质量、合理使用人员、配备设备等起到积极作用。

②各部门联合检查

邮轮按照计划定期由船长召集各部门对酒店部进行检查。联合检查便于统一标准、统一思想,便于各部门之间的沟通和协调。

客舱卫生定期检查

Periodic Cabin Health Examination

(2)建立邮轮客舱部内部的逐级检查制度

邮轮客舱内部的逐级检查制度是指对客舱的清洁保养质量检查实行邮轮客舱服务员自查、邮轮客舱部主管全面检查和邮轮管理人员抽查的三级检查制度。这是确保客舱清洁保养质量高水准的有效方法。

①邮轮客舱服务员自查

每当邮轮客舱服务员清理好一间客舱房间后,应对邮轮客舱房间内的清洁卫生状况、客用物品的布置以及设备完好状况等做自我检查。通过自我检查,提高客舱清洁保养的合格率,加强邮轮服务员的工作责任心,提高邮轮客舱服务员的服务质量意识,同时也可减轻客舱部主管查房的工作量。在制定客舱清扫规程和清扫程序时应充分考虑,并明确做出规定,以促进服务员养成自我检查的良好习惯。

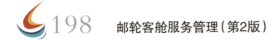

②邮轮客舱部主管全面检查

每当邮轮客舱服务员清理好邮轮客舱并自查完毕后，将由邮轮客舱主管对其所负责区域内的所有客舱进行全面的检查，以达到和保证质量的标准。客舱主管查房是客舱房间清洁卫生质量控制的关键，是邮轮客舱服务员自查完毕后的第一道关，往往也是最后一道关。客舱主管查房可以及时发现问题并进行弥补，起到指导帮助和督促评价的作用。所以客舱主管必须由工作责任心强、细致、业务熟练的员工来担当，应专职负责邮轮客舱部检查和协调工作，以加强客舱主管的监督职能，防止检查流于形式。

按照常规，每位楼层客舱部主管每天检查房间的比例为100%，也就是对其所负责的全部房间进行普查，并填写邮轮客舱房间每日检查表。客舱部主管查房时发现的问题，要及时解决并记录，对不合格的项目，需开具"做房返工单"，要求服务员重新清理直至检查合格；客舱部主管检查实际就是一种在岗培训，对于业务未达到熟练程度的服务员，客舱部主管要有针对性地帮助和指导。

③邮轮管理人员抽查

邮轮管理人员抽查主要指邮轮客舱主管抽查和邮轮客舱部经理抽查。他们是客舱清洁卫生保养质量的监督者和完成任务的指挥者。每天抽出一定时间到楼层巡视、督导检查辖区清洁保养质量，是其主要职责之一。管理人员抽查客舱的数量占客舱部主管查房数的15%以上。每间VIP房是管理人员检查的重点。管理人员查房也是对客舱部主管、员工的一种监督和考察，从而掌握员工的工作状况，了解存在的问题和宾客的意见，不断改进管理方法。管理人员还应定期协同邮轮上其他相关部门管理人员对邮轮客舱房间内的设施设备进行检查，确保邮轮客舱部正常运转。

3.制定清洁保养质量检查标准和内容

邮轮在制定清洁保养检查质量标准时，应和客舱清洁保养质量标准保持一致。倘若制定检查的质量标准高于客舱清洁保养的标准，每次检查的结果都是不符合要求，不仅会挫伤员工的工作积极性，还会影响管理人员的信誉度，让员工无所适从；倘若检查的质量标准低于客舱清洁保养的标准，会影响或降低员工日常清洁保养质量标准，虚设的标准没有任何指导意义，检查也就流于形式，失去应有的作用。

清洁保养质量检查的内容主要包括：邮轮客舱清洁卫生保养质量、物品补充摆放情况、设施设备运行状况和邮轮客舱的整体效果等。

4.采用科学的清洁保养质量检查程序和方法

（1）程序

质量检查程序应根据时间和邮轮客舱位置、顺序进行，每个客舱清洁保养质量检查的程序与客舱清洁保养的操作程序、方法基本一致。和酒店检查一样，邮轮是按顺时针或逆时针方向从上到下循序检查。也就是顺着你的左边或右边绕客舱一周，眼睛要从上到下、从左到右检查到每一个角落，按程序检查能提高检查速度，避免疏漏。

（2）方法

在对邮轮客舱进行检查时，可以通过听、嗅、看、试、摸五个步骤进行。

①听。从门外到房间内，通过听客舱房间有无异常的声响来对设施设备进行检查、判断，听是否存在故障，噪声是否控制在合格范围内。一般不超过40 dB，走廊不高于45 dB。

②嗅。通过嗅觉来判断客舱房间内空气是否清新、是否有异味。

③看。在听、嗅的同时,要看客舱房间是否达到清洁保养质量标准和客舱整体效果要求,物品是否配备补充齐全、是否符合摆放要求。

④试。检查客舱设施设备是否正常完好,除此以外,有的还需要一段时间的试用,特别是客舱电器和卫生间内的洁具等。

⑤摸。检查客舱房间清洁卫生质量好坏,最好的检查方法是用手摸,特别是有些地方不易看到,有些位置较高难以查看清楚,如衣柜上方等。

要求做到:眼看到的地方无污迹;手摸到的地方无灰尘;设备用品无病毒;空气清新无异味。房间卫生达"十无""六净"["十无":四壁无灰尘,地面无杂物、纸屑、果皮,床单、被套、枕套表面无污渍和破损,卫生间清洁、无异味,金属把手无污锈,灯具无灰尘,家具无污渍、破损,茶具、水具无污痕,楼面整洁,无"六害"(指老鼠、蚊子、苍蝇、蟑螂、臭虫、蚂蚁的危害),邮轮客舱房间内卫生无死角。"六净":客舱房间四壁净、地面净、家具净、床上净、卫生洁具净、物品净]。

客舱清洁保养
Cabin Cleaning and Maintenance

5.强调原始的记录

原始的记录就是用文字进行记载、说明运营管理的过程。它具有直接、广泛、真实等特点,邮轮客舱部大量的原始记录往往采用表单的形式来进行。原始记录是邮轮客舱商品生产过程中发生的具体事实的最初记录,也是邮轮客舱部进行经营管理的重要依据。因此,原始记录管理实际上就是表单管理工作,它对提高邮轮客舱部管理水平和效益起着重要作用。

首先,在制定和设计上要符合邮轮客舱部运营的特点,能直接反映出各个岗位和环节中的工作状况,简单、适用、目的明了。设计表单时既要注意实用性和针对性,又要注意科学性。其次,要求员工如实填写,管理者通过质量检查与原始记录比对,公平、公正地检验员工的工作态度和认真程度,为考核员工工作表现提供重要依据。最后,对所有的原始记录表单进行分类,按期限分别保管。通过对原始记录的归纳、分析,找出管理过程中的不足,便于及时纠正。总之,邮轮客舱部在日常运行中离不开原始记录,通过采用格式化手段实现规范化管理。

想一想
Think It

想一想：邮轮客舱部每天耗费大量的人力、物力来进行客舱清洁保养，还要进行不同层次的质量检查，你认为有必要吗？为什么？

客舱部员工的合理配置　项目四
Cabin Staff Rational Allocation　Task Four

　　客舱部的员工配置及安排是客舱部对员工进行合理编制及定员的一个非常重要的过程。虽然邮轮人事部门统一负责邮轮整体的人员编制,但对于客舱部员工管理工作而言,各部门、各级管理者也要履行对一线工作员工的管理职责。因此,客舱部针对自己部门的实际工作需要,科学、合理地规划部门各岗位的人员配备和管理也是必要的。

任务一　了解客舱部员工配备标准

一、客舱部员工的定员方法

　　每家邮轮公司的客舱部所管辖的员工数量都是很多的,所以员工组织结构的构成就较为复杂,尤其是邮轮客舱部所负责管辖的各区域、各岗位中的各类员工,其工作性质和工作特点也都各不相同。所以,在对邮轮客舱部员工定员进行确定时采用的具体方法也就各不一样。在一般情况下,常用的方法主要有四种:一是比例定员法,即根据各艘邮轮的航行线路、档次、规模来对客舱部员工进行定员;二是岗位定员法,指根据不同邮轮公司对客舱部各岗位的工作特点、工作量、劳动效率、开工班次和出勤率不同来确定具体的人员配置,从而满足适合客舱部楼层房间清洁服务、公共区域清洁保养工作的员工配置需求等;三是职责范围定员法,即根据各邮轮客舱部所设置的组织机构、人员职责范围、业务分工和工作复杂程序来进行定员,这种方式比较适合客舱部主管级或以上人员的定员;四是效率定员法,指按客舱部实际的工作量、劳动定额来进行定员,这种方式比较适合从事以

计件操作为主的客舱部各工种的定员。

二、客舱部员工定员计算公式

在邮轮客舱部具体人员配置过程中，依据工种及岗位性质的不同，可根据不同的邮轮公司的实际情况，对客舱部员工配置分别采用比例定员、岗位定员、职责范围定员、效率定员等不同的定员方法，也可以直接利用下面的公式最终确定客舱部员工的配备数量：

$$客舱部定员人数 = \frac{工作量}{客舱员工劳动效率 \times 出勤率}$$

式中：

工作量＝邮轮客舱总数量×实际登船入住率

客舱员工劳动效率＝规定清洁数量

出勤率＝每周工作天数／周天数(7天)

任务二 熟悉客舱部劳动力的安排及成本控制

一、客舱部劳动力的合理安排

客舱部虽然事先经过仔细的斟酌和计算，但由于种种原因，劳动力定额和实际需求之间通常不会完全匹配，这就要求客舱部在实际工作安排中做好与其他部门的合理协调。

1. 了解每航次满舱率动向，力求准确预测客舱工作量

每航次的宾客情况和数量是不断变化的，因而由客舱部承担的那部分可变工作量也在不断地变化着，而掌握了满舱率的大致动向后就可以做好应对准备，以免到时措手不及。

客舱部除了要做出年度及季度的人力安排外，还应该做好近期的劳动力安排。这样，掌握每航次满舱率预测资料就成为一个十分重要的工作。满舱率预测资料主要包括每航次宾客登船率、满舱率及客舱收入预测报表、客舱住客报表等。

2. 制订弹性工作计划，控制员工出勤率

客舱管理者必须通过制订工作计划来调节日常工作的节奏，如：客舱的计划性卫生工作和客舱培训工作如何穿插进行等，做到忙而不乱。

控制员工出勤率的方法有很多，除了利用奖金差额来控制外，还可以通过合理安排班次、倒休等来减少缺勤和避免窝工。对于一些特定工种，可灵活安排工作时间，采用差额计件制等各项行之有效的方法。

3.根据邮轮实际的满舱率情况来决定客舱用工的性质和比例

如果每航次的劳动力较饱和,则制定编制时应偏紧,以免满舱率低于标准时,造成窝工而影响工作氛围;而在满舱率较高时,可征召邮轮其他部门岗位休班或休息差的员工充当客舱部服务临时工,从而缓解由于满舱率过高而带来的人员服务压力大和造成工作质量的下降。

通常,为了控制正常编制,减少工资和福利开支,邮轮客舱部都十分愿意使用其他岗位休息差的员工(即:其他邮轮岗位暂时不到运营时间的休息或休班的船上服务员)充当临时工来做一些客舱服务中程序比较简单、技能要求并不太高的工作。这对于人员编制的弹性、降低邮轮客舱员工培训费用等都较为有利。但这种编制弹性应限制在邮轮服务的可控范围内,同时不能因此而放松对邮轮公司正式的合同工的技能和观念的训练,以便更好地安排和掌握邮轮客舱部劳动力的主动性。

二、客舱部劳动力成本的控制

关于客舱部劳动力成本的控制,除按上述定员方法进行科学合理的定员外,还应注意以下几点:

(1)根据邮轮运营的实际情况,合理安排好正式员工的数量比例,达到客舱部"忙时有人干,闲时无人余"的合理人员规划。

(2)充分利用好其他岗位休息差的员工。尽管这会给邮轮客舱部在人员管理工作上带来一些麻烦,但只要邮轮客舱部协调好工作分配,仍不失为一种节约劳动力成本的好方法。

(3)做好每航次满舱率的预计工作。必须对邮轮的航次满舱率情况有一个比较精确的预计,这是测定客舱部实际工作量的重要依据。

(4)做好相关的计划和研究工作。必须科学合理地制定一套客舱部服务工作程序,进行缜密的工作研究,努力达到提高客舱部整体工作效率、节约劳动力成本的目的。

(5)参照以岗定人的原则。在邮轮的日常运转中,还应根据本邮轮的档次和客源构成等情况,考虑某些岗位是否能合并或取消。

(6)必须符合邮轮公司对各部门规定的员工数。此方面应在遵循邮轮人均营业收入或成本的预算线以内的原则基础上进行。

想一想
Think It

通过上面知识的学习,你如何看待客舱部员工成本核算呢?

本项目数
字化资源

客舱部员工培训与激励　项目五

Cabin Staff Training
and Motivation　Task Five

任务 一 | 了解客舱部员工的选择与培训

　　邮轮客舱部在招聘员工时，一般都会根据邮轮客舱部对客服务的实际岗位要求和标准，寻找合适的人选并对他们再进行层层筛选。这一过程主要是邮轮公司通过恰当的媒体宣传或信息网络、开设邮轮专业的院校、从事邮轮人才输出的公司等途径完成的。然后再对符合邮轮客舱部岗位要求的候选人员进行相应的面试。最后做出综合的评价，确定最终邮轮客舱部所需的合适人选。

　　客舱部如果要想招聘到适合岗位需求的理想的员工，那么就必须制定出一个完善的客舱岗位用人标准，并设计好客舱部每个具体工作岗位的职责。客舱部经理还需了解现有员工的素质，以及国家或地区当前社会环境中能够从事邮轮服务工作的人力供应情况等。

　　客舱部员工的招聘事宜，主要由邮轮公司人力资源部统一负责，但作为实际用人的部门，客舱部应对应聘人员再进行详细的面试，把好通往客舱部各岗位的最后一道关。在一般情况下，邮轮客舱部招聘人员一般分为 3 个主要步骤：首先确定客舱部招收人员的数量，其次组织好岗位面试，最后进行英文水平测试等。

　　总之，最关键的是，邮轮公司要做到人员与岗位相匹配。

一、客舱部员工的选择标准

1.热爱本职(服务)工作

在当今社会,"万般皆下品,唯有读书高""服务工作低人一等"的封建意识仍然存在。这就使得许多年轻人,包括旅游、邮轮专业的大中专毕业生们都不愿意从事服务性的工作,怕别人看不起,尤其是到客舱部从事以清洁为主的工作。即使上了邮轮,当了一名服务员,也都希望去前厅部、餐厅部、娱乐部等能"出头露面"的岗位。具有这种心态的员工,即使对邮轮和客舱部专业知识掌握得再多,从某种意义上也已不适合到客舱部工作。

事实上,客舱部大部分工作是客舱清洁和公共区域清扫。这类岗位工作较单一,很少或基本不接触宾客,并不需要具有较全面专业素质的人来承担,所以招聘时要避免将条件定得太高,造成以后客舱部人员的高流动率。

2.诚实正派、自律性强、踏实认真

因客舱部的劳动独立性强,大多数客舱部的岗位是在无管理人员在场监督下工作运转的。尤其是客舱房间服务员,大多数时候都是在宾客外出后才进入宾客房内工作的。整天面对宾客的物品和客舱内的各种生活用品,如果没有诚实的品质和较好的自律性,是经受不住物质考验的。这也需要他们在没有管理者和其他同事在场的情况下,照旧一丝不苟地执行操作规程和各项规章制度,踏踏实实地工作。

3.具有开朗、稳定的性格和合作与奉献的精神

客舱部服务员的工作一般都在幕后,内容相对枯燥、单调,更需要他们性格开朗稳定,甘于默默奉献,耐得住寂寞。另外,客舱部的满舱状况较多,客舱部楼层员工也会经常被指派到其他邮轮部门或岗位协助一些工作,这就需要客舱部员工要有团结协作的精神,只有这样才能为实现共同目标很好地与他人合作。

4.身体素质好,吃苦耐劳,动手能力强

客舱部服务员从事的工作多为体力劳动,一般客舱部服务员每天都要清扫15间左右的客舱房间。在旅游旺季时,随着每航次较高的满舱率,这一数字还要有所增加。因此,邮轮客舱部服务员如果没有一副强壮的身体,那是吃不消的,当然身体好而缺乏吃苦耐劳精神也是不行的。

5.了解岗位的需求,乐于分担工作

选择客舱服务员时,就要对各客舱部所有岗位的职责范围、用人条件详细地了解和熟知,让应聘者仔细阅读,然后再做出抉择。要如实介绍客舱部任职环境和要求,不能夸大和美化;否则,应聘后也会因实际能力不符而使双方都显得被动,也使员工有上当受骗的感觉。

二、客舱部员工的培训

1.员工培训的种类及内容

　　邮轮员工的培训不仅是应急之需,也是邮轮公司的长久之计。邮轮客舱部员工的培训并不是员工到客舱部岗位以后才进行的,而是在客舱部员工招聘时就已经开始了。对客舱部员工的培训,不仅是邮轮公司人力资源部门的事,更是客舱部的一项重要工作。客舱部承担了本部门员工的大多数培训任务,应本着邮轮系统、激励、有偿培训(为防止正常流动)、实用的指导思想制定出一套客舱部自己部门的较完整和可行的培训程序及方案。

员工培训

Staff Training

2.客舱部员工岗前培训

　　一般邮轮公司对新招聘的员工在其上岗前都会进行邮轮职业教育的培训,使他们认识到所从事邮轮服务工作的社会意义,特别是让他们了解自己的工作职责、服务程序、服务标准以及从业所应具备的条件和素质,接着让他们对邮轮的概况有一个初步的了解。这一阶段,通常要花费一周或半个月的时间。

　　结束了上一阶段的邮轮公司培训工作后,在考试和总结提高的基础上,也可进入下一阶段的培训。第二阶段主要进行具体的客舱部工作和客舱部服务程序与操作程序的培训,可采用讲演与模拟训练的方法进行。其目的是使客舱部新职工掌握自己本职工作的技能技巧,以便上岗后能尽快独立完成自己所担负的工作,为宾客提供快速敏捷、热情周到的服务。第二阶段的培训一般需10~15天,具体内容如下:

　　(1)客舱部日常工作中的礼节礼仪;

（2）邮轮宾客住宿登记手续及程序；

（3）办理宾客退房结账的程序；

（4）受理宾客代办服务的方法和程序；

（5）几种常见的国际性礼节礼仪；

（6）清理客舱卫生的程序和卫生标准；

（7）客舱晚间开夜床服务的操作程序和要求；

（8）各种清洁剂和用具的使用；

（9）邮轮服务设施及娱乐设施的位置、营业时间及基本概况；

（10）语言技巧与站、坐、行姿态的训练；

（11）客舱部服务工作中技能技巧的训练；

（12）介绍并实际观察客舱日用品的数量、用途、摆放标准及要求；

（13）熟悉邮轮的整体环境等。

3.客舱部员工上岗后培训

客舱部员工上岗后的培训是一项长期的工作，比上岗前的培训难度要更大一些。在客舱部培训中需根据不同年限、不同等级和不同水平的员工制定出不同的培训目标、程序及内容。

针对客舱部员工在职期间的培训具有灵活性、选择性和针对性等特点，因此岗后培训不受时间、地点及人数的限制。其主导思想是以客舱部各岗位练兵和实际操作为主，通过实际操作，使其掌握和提高客舱部业务技术的能力。培训可采用座谈讨论、岗位练兵、技术指导等方式进行。

4.客舱部员工培训方法

（1）讲授法。此方法是一种较为普遍和传统的培训方法，虽然被普遍采用，但在客舱部一线部门的培训中，不应以此方法为主。

（2）角色扮演法。此方法比较适用于负责对客接待服务的客舱部员工。培训者将客舱部员工在工作中存在的有代表性的问题提出来，让员工分别扮演有关人物，然后予以总结，指出问题。要让这种培训取得最佳效果的做法是角色互换，使员工能体会所扮演角色的感受与行为，从而缩小相互间的差距，改进自己的态度与行为。此方法趣味性很强，也使员工有发挥想象力、创造力的余地。

（3）音像教学法。一般对邮轮客舱部基层的员工培训时，采用生动形象的录音、录像教学方法的效果会很好，尤其是对客舱部员工进行基础教育，如礼貌礼仪、操作规范和外语培训时，表现得更为突出。购买的教学录音录像带因其语言、操作工作标准又可反复播放而颇受欢迎，自制的录像效果也很独特。有的邮轮客舱部在操作培训结束时录下服务员的操作即时播放，也有的把服务员平时在客舱房间内清洁房内卫生的情形录制下来让大家评价。客舱部服务员对这种方法感兴趣，纠正错误、提高工效的劲头也很足。

（4）讨论法。可以由培训者提出一个讨论的话题，设定限制条件，引导客舱部员工进行讨论，此方式适用于客舱部各层次、各岗位的员工。如有的邮轮客舱部在员工入职培训时组织学习客舱部各项管理制度，为了增强效果，让员工分组拟定一些客舱部实际工作和岗位的服务管理制度，然后在客舱部员工会议上各自介绍。对分歧较大的问题重新回组里讨论，再进行集中。几经反复，各组方案基本一致，这时拿出原有制度，相差无几，员工也对此有了较好的记忆与理解。此方法运用得当,有利于开拓客舱部员工的思维能力,激发参与意识,活跃学习气氛,增强培训效果。但有的邮轮公司就要求邮轮上各部门员工必须服从邮轮公司制定的各项规章制度,并且还作为各部门所辖员工的合同期到期时是否续约的重要考核标准之一。

(5)情景培训法。可以由培训者提出一个在客舱部服务中具有代表性的问题,并假设几种解决方法,让员工讨论选择,并说明理由,最后由培训者做出综合分析。用此种方法培训比单纯让客舱部员工记忆现成的答案效果更好,还可以集思广益,对原来不够合理的规定进行修正。

任务二 熟悉客舱部员工评估与激励

一、客舱部员工评估

在邮轮工作中,评估是鉴定每个从事邮轮行业的员工的工作表现最直接、最有效的一种方法。在一般情况下,邮轮公司管理者都会根据邮轮各部门员工过去一段时间中的工作表现和态度,了解部门员工在工作中的服务意识,考查其工作的成绩。客舱部实行考评制度,不仅使员工本人了解了自己的工作表现和工作成绩,而且也为员工的调职、提升、培训,甚至工资调整等提供了有效的依据。

客舱部员工的工作表现评估可分为刚登船进入客舱部的试用期满小结和在客舱部工作圆满时的年底考核。客舱部主管必须同每位客舱部员工单独接触、交谈,表扬其在客舱部对客服务中的优点,指出其服务工作的缺点以及其在客舱部工作中的不足之处,从而鼓励客舱部员工在各自与邮轮公司签订的合同期结束时能够与邮轮公司续签,进而继续为邮轮工作。

1.客舱部员工评估的内容

客舱部员工评估的内容项目相当多,但归纳起来主要有3个方面:

(1)工作行为和工作态度。主要是在客舱部服务工作中,对宾客的服务态度,对客舱部管理者正确批评的迅速而妥善的反应,客舱部服务中有无重大失误或安全事故等。

(2)被评估者的基本素质。客舱部员工的基本素质会在客舱部日常的对客服务工作中充分地表现出来,如客舱部服务员的服务质量、客舱部主管的指挥才能和对客舱部工作的组织能力等。

(3)被评估者完成的工作指标,即根据客舱部制定的劳动定额和工作目标,对被评估者完成工作指标或特定的成绩标准程度进行考核,如每日平均清扫房间数等。

2.客舱部员工评估的程序和方法

（1）观察与考核记录

这是客舱部做评估的基础,客舱部各级管理人员应注意对下属的工作予以观察并听取其他人员的意见,做好考试核录。

客舱部员工的工作表现记录包括:迟到或早退记录、缺勤次数(包括病假和事假)、合作性、服从性、礼貌及忠诚度、工作责任感、仪表、言谈举止、工作表现等。

（2）评估面谈

客舱部在完成对员工书面评估后,由客舱部经理或主管跟被评估者见面,客舱部主管应根据考评表上所列的各项评估指标,就评语与评分逐条向被评估的客舱部员工解释与说明。被评估者可以在面谈时对评估意见提出不同的看法,并与评估者进行深入的讨论。面谈讨论后,仍不能取得一致意见时,可由邮轮公司人力资源部人员约见客舱部该员工,听取他的意见,并做适当的处理。

客舱部上一级管理人员负责下一级员工的评估工作,客舱部主管人员的评估由客舱部经理或副经理执行,而客舱部一般员工的评估则由客舱部主管负责。最后,客舱部对员工评估的结果将由邮轮总经理和客舱部经理共同签署。

除定期评估外,在邮轮客舱部还有两种需要对某些员工进行不定期的表现评估,其一是对表现优秀者升职时,上级领导须对其进行评估,并做成报告的形式,上交邮轮总经理签署。升职的根据包括:表现、工作经验、领导才能、对人的态度以及智慧和才干等方面。其二是客舱部对屡犯错误者可做紧急评估,并根据最终的评估结果及时给予相应的处分。

客舱部评估工作中很重要的一点是必须公平、合理、客观地反映客舱部中每个员工的工作表现。客舱部评估者一般最常用的人选是被评估者的直属主管人员。客舱部面谈评估时,要充分准备且需选择好地点,鼓励相互对话,切勿"秋后算账"。

二、客舱部员工激励

每家邮轮公司的客舱部都有责任创造一个有利于其员工事业进步与个人发展的环境,包括客舱部对岗位员工开展的培训、教育、指导、评价、惩戒、引导等方面的工作。如果在这些基本职能方面疏于职守,客舱部员工对机构的目标就可能采取被动、挑剔和无动于衷的态度。如客舱部员工出现缺勤、低劳动生产率和人员流动情况,这就反映了他们的情绪变化。

有效地提升客舱部员工的士气是邮轮客舱部经理面临的主要挑战。目前,在邮轮客舱部员工需求量大、流动量大、工作强度大的基础上,也导致了邮轮客舱部人员的高额成本,这就要求邮轮客舱部寻求一种有效的途径,将优秀的客舱部员工留住。实现这一目标的方法就是实行有效的激励机制。

"激励"一词有许许多多的定义,可描述为刺激人对某项工作、项目或主题的兴趣的艺术。在管理学中,激励被定义为组织及其个人通过设计适当的奖酬形式和工作环境,以及一定的行为规范和惩罚性措施,借助信息沟通来激发、引导、保持和规范组织及其个人的行为,以有效地实现组织及其个人目标的过程。

激励有正激励和反激励两种方式。只要正确地使用这两种方式,都能起到积极的效用。

1.正激励

正激励就是采用表扬、奖励、升迁以及情感、信任等积极手段去奖励和鼓励员工的工作热情的方法。客舱部常用的正激励方式有以下几种：

(1)榜样激励

榜样激励是根据人们善于模仿比自己优秀或个人崇拜的偶像等心理特点,通过客舱部管理者的正能量和客舱管理的良好行为,激发员工的工作积极性。

(2)制度激励

制度激励是依靠邮轮客舱部制定的奖励制度来激励员工,从而达到调动员工劳动积极性的目的。客舱部可以通过制定公布于众的标准,奖优罚劣,让每个员工都明确其应努力的方向并积极进取。

(3)情感激励

情感激励主要体现为：

①信任。信任是对人的价值的一种肯定,是客舱部管理者对被管理者的奖励,是被管理者的高层次需求。客舱部管理者必须做到用人不疑,运用授权的方法给予员工在处理问题时更多的灵活性,使员工不仅感到工作的自主权和控制权有了提高,同时,还使客舱部员工对自己的岗位更有信心,对领导者的信任度加强。

②关怀。客舱部管理者应从精神上、物质上关心员工,为员工排忧解难。

③支持。客舱部管理者应放手让员工开展自己的工作,并为其工作创造条件,尊重员工的创造精神。当员工出现工作失误时,客舱部管理者要勇于承担领导责任,帮助客舱部员工总结经验教训,继续前进。

员工激励

Staff Motivation

2.反激励

反激励一般就是指运用批评、惩罚、处分等行为控制的手段,使每个员工都能恪尽职守的方法。在运用反激励的方式时,客舱部管理者应注意以下几点:

(1)注意准确性。反激励应以制度为准绳,以事实为依据。客舱部管理者绝不能主观和武断地对事、对人,必须要注意反激励的时机。

(2)弄清目的。使在客舱工作表现不好的员工认识错误、改正错误,并能逐步受到表扬和奖励,是对客舱部其他员工进行批评和惩罚的最终目的。

(3)制定违规的处理程序。客舱部管理者还应制定一个客舱部员工违规的处理程序,以保证反激励的准确性和一致性。

①给予口头警告的,一般是轻微违反客舱部规定的管理条例,并督促其重新认真学习其所违反的有关条例,鞭策其在今后的工作中不要再次违反。

②屡犯条例或严重违反者,应由客舱部的部门负责人给予书面警告。

③解除合同。在一般情况下,凡是受到过3次书面警告者,都会被客舱部退回邮轮公司人力资源部,邮轮公司将会对其予以开除处理。

总之,邮轮客舱部所制定的一切规章制度和处罚条例,都应与能为邮轮宾客提供优质服务相结合,遵循奖惩并举的原则。

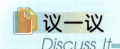

议一议
Discuss It

请大家议一议:你们觉得客舱部对员工激励的内容还有哪些方面需要改进吗?

思考与训练

Practice and Drills

思考问答
Review Questions

1.邮轮客舱安全的目标。
2.邮轮客舱部火灾应急的处理方法。
3.邮轮客舱客用品选择的原则。
4.提高邮轮客舱服务质量的途径。
5.简述在确定客舱部员工时需考虑的内容。
6.简述对客舱部员工评估的内容。

单项选择
Individual Choice

（复习本模块课程内容。请将正确答案的选项填写在横线上。）

1._____ 是指游客在邮轮客舱内的人身、财产、正当权益等不受侵害。
　A.游客权益　　　　B.客舱安全　　　　C.客舱制度　　　　D.游客需求
2.下列不是邮轮客舱安全管理方面内容的是_____。
　A.防火　　　　　　B.防盗　　　　　　C.防台风　　　　　D.防水患
3.通过_____来直接控制客舱部服务员的消耗量。
　A.物品采购计划表　　　　　　　　B.每日清洁工作表
　C.每月客舱物品消耗表　　　　　　D.物品报损表
4.落实客舱清洁保养工作的重要保障是检查体系、检查制度和_____。
　A.宾客投诉　　　　B.检查重点　　　　C.检查力度　　　　D. 规范检查
5.邮轮客舱部在员工定员方法中,以下不正确的是_____。
　A.比例定员法　　　　　　　　　　B.随意定员法
　C.职责范围定员法　　　　　　　　D.效率定员法
6.客舱部员工的招聘事宜,主要是由_____统一负责的。
　A.客舱部内部　　　　　　　　　　B.邮轮中介公司
　C.邮轮专业的院校　　　　　　　　D.邮轮公司人力资源部
7.作为一名客舱部员工,其在情感激励方面不正确的做法是_____。
　A.信任　　　　　　B.放纵　　　　　　C.支持　　　　　　D.关怀
8.客舱部服务员在一般情况下,凡是受到过_____次书面警告者,都会被客舱部退
　回邮轮公司人力资源部,邮轮公司将会对其予以开除处理。

A.10　　　　　　　B.7　　　　　　　C.5　　　　　　　D.3

实训练习
Training Exercises

　　项目名称:邮轮客舱部安全标准操作流程。

　　练习目的:使学生详细了解客舱部的安全防范范围,检查的重点环节,客舱部员工的意识、技能等。

　　实训内容:通过学习、了解邮轮公司对邮轮防火的规范后,充分掌握实际邮轮客舱工作中如何做好火灾的应急预案处理等。

　　测试考核:在学习完邮轮客舱部标准操作流程后,写一篇 300 字左右的学习心得。

　　项目名称:邮轮客舱部员工评估标准操作流程。

　　练习目的:使学生详细了解客舱部如何对每个客舱部员工进行培训和评估等。

　　实训内容:通过学习、阅读和分析邮轮客舱部员工评估标准操作流程文件后,充分掌握实际邮轮客舱部培训、评估、考核工作的各项标准和要求。

　　测试考核:在学习完客舱部员工评估标准操作流程后,写一篇 300 字左右的学习心得。

知识拓展
Knowledge Development

【01】
邮轮员工管理规章制度

　　第一章　总则

　　第一条　为了规范管理邮轮员工的行为,保障邮轮上的安全和秩序,制定本规章制度。

　　第二条　本规章制度适用于所有在邮轮上工作的员工,包括船长、船员、厨师、服务员、清洁员等。

　　第三条　邮轮员工应当遵守本规章制度规定,服从管理,执行船长和管理人员的命令,维护邮轮的形象和声誉。

　　第二章　岗位责任

　　第四条　邮轮员工应当严格遵守自己的岗位责任,认真履行工作职责,保证服务质量,确保船舶的安全和秩序。

　　第五条　船长负责指挥船舶的航行和安全,船员负责协助船长执行命令,服务员负责为旅客提供优质的服务,厨师负责保证餐食的质量,清洁员负责保持船舶清洁卫生。

　　第六条　各岗位之间应当互相配合,协作一致,共同完成船舶的日常工作。

　　第三章　工作纪律

　　第七条　邮轮员工应当遵守船员的工作制度,严格遵守工作时间和休息时间,不得私自离开工作岗位。

　　第八条　邮轮员工不得在工作时间内私自使用手机、电脑等通信工具,不得在工作岗

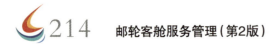

位上聊天、打闹、喧哗，保持工作的专注和严肃。

第九条　邮轮员工应当爱护公共财产，不得私自挪用、损坏公共设施，确保船舶设施的正常使用和维护。

第十条　邮轮员工应当遵守船员的安全规定，正确使用安全设备，服从紧急疏散指挥，保证自身和旅客的安全。

第四章　行为规范

第十一条　邮轮员工应当遵守船员的行为规范，保持良好的职业道德和素质，不得有违法违纪的行为。

第十二条　邮轮员工应当尊重旅客，礼貌待人，不得对旅客进行恶语相向或虐待行为，维护船舶的形象和声誉。

第十三条　邮轮员工不得利用职权谋取私利，不得参与赌博等非法活动，不得接受旅客或他人的贿赂。

第十四条　邮轮员工应当团结互助，不得欺凌他人，不得进行人身攻击或侮辱行为，保持团结友爱的船员关系。

第五章　处罚措施

第十五条　对违反本规章制度的邮轮员工，将视情节轻重给予批评教育、警告、处罚金、停职等处罚措施。

第十六条　对严重违反规定的邮轮员工，将依法依规予以辞退处理，并且列入船员黑名单，禁止其再次登船工作。

第十七条　对邮轮员工的违纪行为，将按照纠正、惩戒、教育、警示的原则进行处理，确保船舶的秩序和安全。

第六章　附则

第十八条　本规章制度由船长和管理人员负责执行，邮轮员工应当配合执行，并不得私自修改或不遵从规定。

第十九条　对本规章制度的解释权归邮轮公司所有，如有疑问或争议，由公司最终裁决。

第二十条　本规章制度自发布之日起生效，如需修改或补充，由邮轮公司颁布新规定并报相关部门备案。

以上是关于邮轮员工管理规章制度的内容，希望所有员工都能认真遵守，确保船舶的安全和秩序，为旅客提供优质的服务。

【02】

邮轮客舱部门工作岗位职务名称

- Chief Housekeeper
- Assistant Chief Housekeeper
- Floor Supervisor
- Head Room Steward / Stewardess
- Housekeeping（Room）Steward / Stewardess / Stateroom Attendant
- Assistant Room Steward / Stewardess
- Head Butler
- Butler

- Pool & Deck Supervisor（Head Pool Butler）
- Pool & Deck Attendant（Pool Butler or Deck Steward）
- Hotel Steward / Utility Cleaner
- Laundry Supervisor
- Assistant Laundry Supervisor
- Laundry Man / Linen Keeper

附　录

附录 1　邮轮客舱部常用英语词汇与短语

一、常用单词

adapter/插座

adjoining room/相邻房

all-purpose cleaner/多功能清洁剂

arrival time/抵达时间

ashtray/烟灰缸

attendant/客房服务员

baby sitting service/照看婴儿服务

basin/洗脸盆

bath mat/脚巾

bath robe/浴袍

bath room/卫生间

bath tub/浴缸

bed board/床头板

bed pad/床褥、床架、床罩

bed-side lamp/床头灯

bed-side table/床头柜

bell boy/行李员

blanket/毛毯

brochure/小册子

bulb/灯泡

business center/商务中心

captain/领班

carpet/地毯

cashier/收银员

check-in/入住登记

check-out/结账离店

chemical fabrics/化纤织物

cleaning bucket/清洁桶

cloak room/衣帽间
comb/梳子
commercial rate/商务房价
complain/投诉
connecting room/连通房
cotton cloth/棉布
coupon/票证

day use/非全天用房
deluxe suite/豪华套房
departure time/离店时间
desk lamp/台灯
dining room/餐厅
domestic direct dial(DDD)/国内直拨电话
do not disturb(DND)/请勿打扰
double room/双人房
double-double room/两张双人床的房间
double locked (DL)/双锁房
dry cleaning/干洗

eiderdown/鸭绒被
electric shaver/电动剃须刀
executive floor/行政(商务)楼层

fadeless/不退色的
FIT/散客
front desk/总台
front office/前厅部
full house/房间额满

group/团队

hair dryer/吹风机
handkerchief/手绢
hangers/衣架
house credit limit/赊账限额
house use/酒店内部用房

international direct dial(IDD)/国际直拨电话
iron/熨斗

iron board/熨衣板

jasmine tea/茉莉花茶
job description/工作说明书

lamp shade/灯罩
late check-out/逾时离店
laundry bag/洗衣袋
laundry list/洗衣单
laundry service/洗衣服务
lobby/大堂
log book/工作日记
long staying guest (LSG)/长住客
lounge/休息室

maid's cart/客房清扫工作车
Make Up Room(MUR)/请即打扫
mattress/床垫
message /留言
mop/拖把

no show/没有预先取消又无预期抵店的订单

occupied (OCC)/住客房
out of order(OOO)/待维修房
over-booked/超额预订

package/包价服务
pick-up service/接车服务
pillow case/枕套
plug/插头
presidential suite/总统套间
pressing/熨烫

quilt/被子

rack rate/客房牌价
razor/剃刀
rollaway bed/折叠床
room attendant/客房服务员

room change/换房　　　　　　　　　stationery folder/文具夹

rooming list/团体分房名单　　　　　suit/西服

room status/房间状态　　　　　　　supervisor/主管

rotary floor scrubber/洗地机　　　　sweater/毛衣

rubber glovers/橡胶防护手套　　　　switch/开关

service directory/服务指南　　　　　tap/水龙头

sewing kit/针线包　　　　　　　　　tariff/房价单

sheer curtain/纱窗帘　　　　　　　　tea/茶

sheet/床单　　　　　　　　　　　　tea table/茶几

shirt/衬衫　　　　　　　　　　　　tie/领带

shoe polishing/擦鞋服务　　　　　　towel rail/毛巾架

shoe shine paper/擦鞋纸　　　　　　transformer/变压器

shower curtain/淋浴帘　　　　　　　triple room/三人房

shower head/淋浴喷头　　　　　　　twin room/两张单人床的双人房

shrinkable/缩水的

silk fabrics/丝绸织品　　　　　　　underpants/内裤

single room/单人间　　　　　　　　unshrinkable/不缩水的

skipper/逃账者

skirts/裙子　　　　　　　　　　　　vacant dirty/未清扫的空房

sleep out/外宿宾客　　　　　　　　vacuum/吸尘器

slippers/拖鞋　　　　　　　　　　　very important person(VIP)/贵宾

socks/袜子

socket/插座　　　　　　　　　　　wake-up call/叫醒电话

soiled linen/脏布草　　　　　　　　wall lamp/壁灯

sprinkle/花洒　　　　　　　　　　　wet vacuum/吸水机

stain/污迹　　　　　　　　　　　　woolen fabrics/毛料织品

二、日常简单接待用语

1.Welcome to our cruise.

欢迎光临我们邮轮。

2.May I clean your room now or I'll come again later?

我现在打扫您的房间还是等一会儿再来打扫?

3.Have a pleasant stay.

祝您居住愉快。

4.I'm sorry to disturb you.

很抱歉打扰您了。

5.This way,please.

请这边走。

6.What kinds of amusement do you offer?

你们提供哪些娱乐设施？

7.Our cruise has a nightclub,Finnish sauna, a swimming pool,tennis courts,billiards,etc.

我们邮轮有夜总会、芬兰浴、游泳池、网球场、台球等。

8.The cabin rooms are spacious,airy, and they command very nice view.

客舱客房特别宽敞,空气新鲜,窗口风景优美。

9.After you, sir.

请您先走,先生。

10.Here is your baggage, please check and see if it is the right one.

这是您的行李,请检查一下是否有误。

11.The extension number is just the same as your room number.

房间的分机号码与房号刚好相同。

12.Can you tell me the way to the restaurant?

能告诉我到餐厅怎么走吗？

13.Wait a while,I'll check for you.

请稍等,我给您看一下。

14.Is this your first trip on cruise?

您是第一次乘坐邮轮吗？

15.Are you here for a holiday or on business?

您是来这里度假,还是商务活动？

16.I'd like to be woken up tomorrow morning.

明天早上请叫醒我。

17.You can arrange a waken-up call with the operator.

请您与总机联系,安排叫醒服务。

18.What fitness facilities do you have here?

你们这里有哪些健身设施？

19.Do you need to open beds service?

您需要开夜床服务吗？

20.Sorry for the inconvenience.

抱歉,给您添麻烦了。

附录2 邮轮面试常用英语口语

1.Excuse me, may I come in? 打扰一下,我可以进来吗?

2.Come in, please! 请进!

3.Good morning./Good afternoon./Good evening. 早上好。/下午好。/晚上好。

4.How do you do? 你好。

5.Sit down, please./Take a seat, please./Have a seat, please. 请坐。

6.Would you have a seat, please? 可以请您坐下吗?

7.How are you? /How are you doing? /How are you getting along? 你好吗?

8.I am fine, thank you. 我很好,谢谢你。

9.I'm extremely well, thank you. 我很好,谢谢你。

10.I am very well indeed, thank you. 我真的很好,谢谢你。

11.Great, thanks./Fine, thanks./Not bad, thanks./So-so, thanks. 非常好, 谢谢。/很好, 谢谢。/还不错,谢谢。/一般般,谢谢。

12.How is it going? /What's up? /What's happening? 最近怎么样,有什么新鲜事吗?

13.Not bad, thank you./So-so, thank you./Great, thank you./Fine, thank you. 还不错,谢谢你。/一般般,谢谢你。/非常好,谢谢你。/很好,谢谢你。

14.Nothing much. 没有什么特别的。

15.Same as usual. 同往常一样。

16.And you? /What about you? /How about you? 你呢?

17.Nice to meet you./Glad to meet you./Pleased to meet you. 很高兴认识你。

18.It's so nice to meet you./ I am pleased to meet you./I am so glad to meet you. 很高兴见到你。

19.So am I. 我也是。

20.Thank you./Thanks./Thank you very much./Thanks a lot./Thanks a million./Thank you so much. 谢谢你。/谢谢。/非常感谢。/非常感谢。/非常感谢。/非常感谢。

21.See you later./See you next time./See you tomorrow./See you. 再见。/下次见。/明天见。/回头见。

22.Goodbye./Bye./So long. 再见。

23.Good luck. 祝你好运。

24.My pleasure./It's my pleasure to meet you. 我的荣幸。/见到你是我的荣幸。

25.It's an honor to know you. 认识你是我的荣幸。

26.It's a pleasure. 不用客气。

27.I am very happy to meet you. 很高兴见到你。

28.How have you been? 你最近怎样?

29.Fine, thank you. 很好,谢谢你。

30.The pleasure is mine. 我的荣幸。

31.I am honored. 我很荣幸。

32.I am happy to have the chance to meet you. 我很高兴有机会见到你。

33.I am deeply indebted to you. 我对你深表感激。

34.I appreciated everything you've done for me. 我很感激你为我做的一切。

35.I am very grateful to you for your kindness. 我非常感谢你的好意。

36.Thanks a lot for giving me this chance. 非常感谢你给我这个机会。

37.Hope you have a good time. 希望你玩得愉快。

38.Wish you have a good time. 祝你玩得愉快。

39.I am very glad to have the opportunity to meet you. 我很高兴有机会见到你。

40.Where are you from? /Where do you come from? 你来自哪里?

41.I am from... 我来自……

42.What's your nationality? 你的国籍是什么?

43.I am Chinese. 我是中国人。

44.Which part of China is that? 它位于中国的哪个地区?

45.It's in the southeast of China. 它在中国的东南部。

46.What do you do? 你是做什么工作的?

47.What's your job? 你是做什么工作的?

48.What is your occupation? 你是做什么工作的?

49.I am a doctor/salesgirl/teacher/student.我是一名医生/女售货员/教师/学生。

50.How many people are there in your family? 你家有几口人?

51.My family consists of 4 persons. 我家有 4 口人。

52.What is your father's/mother's/sister's occupation? 你父亲/母亲/姐姐(妹妹)的职业是什么?

53.He/She is a farmer/unemployed. 他/她是一个农民/失业者。

54.How old are you? 你多大年纪了?

55.What's your name? 你叫什么名字?

56.May I have your name? 请问你叫什么名字?

57.May I know your name? 请问你叫什么名字?

58.My Chinese name is...and Nelly is my English name. 我的中文名字是……,Nelly 是我的英文名字。

59.Icecream is my nickname. 冰淇淋是我的昵称。

60.What is your surname? 你姓什么?

61.What is your last name? 你姓什么?

62.Do you have a Christian name? 你有教名吗?

63.Are you single or married? 你是单身还是已婚?

64.I am still single. 我还是单身。

65.What is your religion? 你的宗教信仰是什么?

66.I believe in Christian/Buddhism. 我信仰基督教/佛教。

67.Can you tell me which school did you graduate from? 你能告诉我你是哪所学校毕业的吗?

68.I graduated from... 我毕业于……

69.When did you graduate from there? 你什么时候从那里毕业的？

70.I graduated from the university in 2001. 我2001年从大学毕业。

71.Where did you attend the middle school? 你在哪里上的中学？

72.Which school? 哪所学校？

73.The No.1 Middle School in Xiamen. 厦门第一中学。

74.What is your blood type? 你是什么血型？

75.What is your address? 你的地址是什么？

76.Zhongshan Road, Xiamen, Fujian 361004. 福建省厦门市中山路, 邮编361004。

77.What kind of personality do you have? 你的性格是怎样的？

78.Can you describe your personal characters? 你能描述一下你的性格吗？

79.I always exert my utmost effort to do everything I should do, and I don't like to leave something half-done. 我总是尽我最大的努力去做我应该做的事情, 我不喜欢半途而废。

80.Do you think you are introvert or extrovert? 你认为你的性格是内向还是外向？

81.Extrovert. I think I mix well and enjoy doing things with others. 性格外向。我认为我和别人相处得很好, 喜欢和别人一起做事。

82.I am a local resident. 我是一名本地居民。

83.Can you drink alcohol? 你会喝酒吗？

84.Yes, but only a little. 会, 但只能喝一点点。

85.Apple juice is my favorite drink. 苹果汁是我最喜欢的饮料。

86.Do you smoke? 你抽烟吗？

87.No, I don't. And I am allergic to it. But my father is a chain-smoker. 不, 我不抽烟。而且我对它过敏。但是我父亲是个烟鬼。

88.Are you a smoker? 你抽烟吗？

89.Do you have English name? 你有英文名字吗？

90.How does your friend call you? 你的朋友怎么称呼你？

91.Have you any knowledge of it? 你了解它吗？

92.I have sufficient knowledge of it. 我对它有足够的了解。

93.I have accumulated a lot of experience. 我积累了很多经验。

94.What color do you like best? 你最喜欢什么颜色？

95.What about your height and your weight? 你的身高和体重是多少？

96.How tall are you? 你身高多少？

97.My height is...and my weight is... 我的身高是……, 体重是……

98.What is your native place? 你的籍贯是哪里？

99.My native place is... 我的籍贯是……

附录 3　邮轮运营服务技能大赛

　　为了贯彻落实习近平新时代中国特色社会主义思想和党的二十大精神,贯彻习近平总书记关于教育的重要论述和全国教育大会精神、全国职业教育大会精神,落实《国家职业教育改革实施方案》,激励青年一代技能成才、技能报国,建设高质量职业教育体系,贯彻落实中华人民共和国交通运输部、国家发展和改革委员会等 10 部门《关于促进我国邮轮经济发展的若干意见》中关于"完善邮轮人才培养体制机制,鼓励高校、职业院校、邮轮公司、培训机构、旅游企业等机构共同培养相关专业人才,加强邮轮设计建造、邮轮及港口经营管理等人才队伍建设,大力培养专业化、国际化邮轮人才"的要求,为助力我国自主邮轮产业发展、推动我国邮轮职业教育提质培优、提高我国邮轮专业人才培养质量,举办邮轮运营服务技能大赛。

　　本赛项体现世界技能大赛理念,与"邮轮运营服务"证书项目进行赛证融通,以评价参赛选手的服务技能水平为抓手、衡量职业教育邮轮专业办学条件及能力。本着"以赛促教、以赛促学、以赛促改、以赛促建"的赛项宗旨,树立"引领教学、丰富教学内容、展示教学成果"的目标,贴近服务大类、交通运输大类专业知识与技能特点,向全社会展示职业院校邮轮运营服务的全貌,同时拓宽和提升职业学校邮轮运营服务专业教师的视野及教学水平,更好地培养学生实践技能与职业素养,达到提升职业教育影响力、加快职业教育发展的目的。

一、简介

(一)赛项名称

　　赛项名称:邮轮运营服务
　　赛项组别:高职组
　　赛项归属产业:交通运输业、旅游业

(二)竞赛目的

　　本赛项以"借鉴国际标准、突出中国特色、贴近产业实境、体现工作过程"为宗旨,考核学生邮轮运营服务过程中的整体综合素质及能力,推动"以赛促学、以赛促教、以赛促改、发挥示范引领作用"的教育教学改革,促进高素质综合型邮轮专业人才的培养,以适应当今邮轮业高质量发展的需要。

　　本赛项旨在通过检验参赛选手对国际邮轮乘务管理专业操作技能的规范和熟练程度、邮轮服务意识、现场分析与处理问题的能力、语言沟通表达能力、卫生安全操作意识及心理素质等全方位综合素质;展示相关专业的职业教育教学水平,引导高职院校关注现代邮轮业发展趋势及对邮轮人才的新需求动向,引导职业院校专业建设与课程改革,促进产教融合、校企合作和产业发展；引导高职院校从职业岗位能力提升、课程模块设计、教育教学管理、实践教学组织等方面加强研究，推进"岗课赛证"综合育人，提高培养邮轮行业高素质技术技能人才的水平。

二、竞赛标准规范

专家组综合国际邮轮乘务管理专业教学标准、邮轮运营服务职业技能等级标准等，制定了该技能标准规范，包含达到职业高水平所需的知识、理解力和具体技能，反映全国范围内对于该项行业或工作岗位的理解，是该技能竞赛和培训的指南。

三、竞赛内容及流程

（一）竞赛内容的组成与比重

竞赛内容分为三个模块：邮轮运营模块、邮轮客舱服务模块、邮轮餐饮服务模块。每个模块按百分制单独计分。总分为百分制，由各模块单项得分按照在总分中的比例等比折算后合计而得。

竞赛主要内容组成及比重如下：

竞赛模块	主要内容	单项分值	总分占比
模块一： 邮轮运营	邮轮基础知识及邮轮运营 （专业理论客观题）	100	20%
模块二： 邮轮客舱服务	邮轮客舱服务基本技能及服务流程 （实操展示）	100	40%
模块三： 邮轮餐饮服务	邮轮餐饮服务基本技能及服务流程（含仪容仪表展示）、 席间服务（英语服务）	100	40%
总分（100分）＝模块一得分×20%＋模块二得分×40%＋模块三得分×40%			

（二）竞赛内容与时长

1.模块一：邮轮基础知识及邮轮运营。主要考查选手对邮轮基础知识及邮轮运营相关理论知识的掌握情况，比赛时间为30 min。其中：专业理论单选题30道，专业理论多选题20道。

2.模块二：邮轮客舱服务基本技能及服务流程。主要考查选手邮轮客舱服务的基本技能。赛前准备（一次性从指定的布草、物品处，自行拣选全部技能环节所需用品），规定时间：5 min内完成（超时将扣分）；中式铺床技能，操作时间：5 min内完成（超时将扣分）；客舱开夜床服务（含基本技能和毛巾花折叠创意），操作时间：10 min内完成（超时将扣分）。本模块赛项全部考核时间，合计20 min。

3.模块三：邮轮餐饮服务基本技能及服务流程、席间服务（英语服务）：主要考查选手邮轮餐饮服务的基本技能。本赛项由邮轮主餐厅餐前准备、餐中服务、餐后收餐 3 个环节组成,考核选手在主餐厅的对客服务技巧、英语服务能力、社会交际能力和突发事件解决能力。赛项内容涵盖了交通运输大类邮轮服务专业的核心技能和职业素养,强调工作过程的规范化、实境化、流程化与职业化。本模块赛项全部考核时间,合计 50 min。

(三)竞赛方式

1.本赛项为团体赛。

2.同一所学校限 1 个代表队参赛,每个代表队由 2 名选手组成,具体分工在参赛队报名时确定,每个代表队限 2 名指导教师,不得跨校组队。其中,邮轮运营模块,2 名参赛选手都需参加;参加技能模块时,邮轮客舱服务模块由 1 名选手完成,邮轮餐饮服务模块由另一名选手完成。参赛选手年龄不得超过 21 周岁(当年)。

3.参赛人员变更

参赛选手和指导教师报名获得确认后不得随意更换。如备赛过程中参赛选手和指导教师因故无法参赛,由参赛校于赛项相应模块开赛 5 个工作日之前出具书面说明,经大赛执委会办公室核实后予以更换,并按相关参赛选手资格补充人员并接受审核;竞赛开始后,不得更换参赛选手,否则视为自动放弃竞赛。

(四)竞赛流程

1.理论比赛流程:

全部参赛的选手,于技能比赛前一天集体在指定的机房,进行"模块一:邮轮运营"的考核。

2.实操比赛流程:(即模块二、模块三)

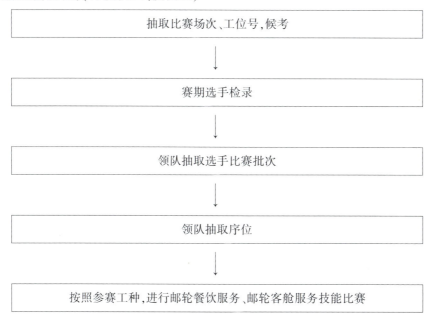

四、竞赛赛事规范

（一）参赛资格

1.参赛选手须为各级各类院校全日制在籍学生,性别不限;遵守国家有关法律法规,遵守学校各项规章制度。

2.所学专业与竞赛项目内容相关,刻苦学习、钻研技术、成绩优良。

（二）熟悉场地

参赛队报到后,集中组织参赛选手赛前熟悉场地及竞赛规程要求。

（三）抽签

赛项执委会组织各领队抽签,确定各队参赛场次,并由各领队签名确认;参赛选手在检录时抽签确定赛位号,并由参赛选手签名确认。

抽签工作由裁判长主持,赛务组负责组织实施,竞赛监督人员现场监督。抽签环节原则上需经两次加密。赛位号不对外公布,所有加密结果密封袋的封条均须相应的加密裁判和监督人员签字。密封袋在监督人员的监督下由加密裁判放置于保密室的保险柜中保存。在评分结束后开封统计成绩。

（四）赛场纪律

参赛选手应准时参赛,开赛 5 min 后不得入场,按自动弃权处理。竞赛期间,参赛选手遇到问题,应向监考裁判举手示意,由监考裁判负责处理,并将处理结果签字确认。监考裁判发出结束竞赛的时间信号后,参赛选手应立即停止操作,然后依次有序退场。

（五）竞赛环境

竞赛赛场分为邮轮基础知识及邮轮运营理论答题区和现场技能操作区。

现场技能操作区设 2 个赛位和后勤保障区等, 2 个赛位同时进行比赛。

五、竞赛赛卷

（一）公开题库

本赛项的竞赛试题内容由邮轮基础知识及邮轮运营专业理论组成。全部竞赛试题分别建立试题库,可组合成 50 套以上竞赛试卷(重复率不超过 50%),按国际邮轮乘务管理专业教学标准的教学要求,于赛前一个月在大赛官网上公布。比赛时间为30 min,包括单选题、多选题。

题库题型和数量如下:

项目	邮轮基础知识		邮轮运营理论	
题型	单选题	多选题	单选题	多选题
数量	50	50	50	50

(二)邮轮客舱服务竞赛任务简述

1.赛前准备环节(4 min):参赛选手需在规定时间内,一次性从组委会(按该工种参赛标准规格和尺寸)在指定位置存放的布草、物品处,自行拣选本场次全部技能环节所需的布草和用品,并按参赛环节将布草(床单、被罩、枕套除外)以及开夜床服务环节所需的物品等,自行规整备齐。

2.邮轮客舱中式铺床技能(6 min):邮轮客舱中式铺床技能环节,主要考查选手按照规定时间,以熟练、规范的动作独立完成铺床技能操作步骤,同时达到中式铺床技能的规范要求和标准的能力。

3.邮轮客舱开夜床服务(10 min):邮轮客舱开夜床服务环节,主要考查参赛选手在规定时间内,在上一环节(中式铺床技能)完成的基础上,使用在组委会指定位置自行拣选的毛巾类及辅助物品等,进行对客开夜床服务和毛巾花技能的创意。

六、竞赛评分标准制定原则

1.公平性原则:本着"公平、公正、公开、科学、规范"的原则设计评分标准组织比赛,通过仪容仪表、现场操作、专业理论和专业英语口试等形式,对各项展示的熟练性、规范性、美观性等多方面进行综合评价。

2.合理化原则:通过行业调研,以《高等职业学校国际邮轮乘务管理专业教学标准》中的专业能力要求为依据,参考往届大赛评分标准,结合邮轮专业特点进行权衡,合理设计各赛项的所占分值比例。

3.规范化原则:以现代邮轮业服务的行业标准作为参考。赛项评分标准全面、详细,阐述比赛具体包括哪些环节、每个环节考核包括哪些知识点和技能点、每个知识点和技能点成绩如何评定等。

4.一致性原则:基于邮轮运营服务职业技能等级证书(中级)考评标准,评分标准与赛项的竞赛内容应完全一致,评分标准与行业标准相吻合。

七、奖项设定

1.本赛项奖项只设团体奖,以实际参赛队数量为基数,一等奖占比 10%,二等奖占比 20%,三等奖占比 30%,优秀奖占比 40%(核算标准为四舍五入,按整数计算)。

2.第一至第三等奖的参赛团体,根据名次将获得组委会颁发的奖杯(团队中的选手,将获得相应名次的奖牌);优秀奖团队将获得组委会颁发的荣誉证书。

3.第一至第三等奖的参赛团体的指导教师,将根据团队名次获得组委会颁发的相应名次的指导教师荣誉证书。

(注:所有获奖证书,将由组委会统一编号,进行电子查询注册)

八、技术平台

(一)邮轮运营模块比赛平台

邮轮运营模块比赛平台为邮轮运营服务双语考试系统。

(二)邮轮客舱服务模块比赛设备及器材

1.技术平台

倒计时显示器:1台。

摄像机:2台。

2.比赛器材(以 1 名选手计算,尺寸均为参考值)

序号	名称	规格	质地	数量	备注
1	床垫	长 200 cm×宽 120 cm×高 22 cm	席梦思型	1 张	
2	床架	床屉高 20 cm+床脚高 7 cm	席梦思型	1 个	
3	工作台	长 100 cm×宽 200 cm×高 75 cm	席梦思型	1 个	
4	床单	长 280 cm×宽 200 cm (缩水前)	100% 精梳棉,80 支纱/400 针	1 条	
5	被罩	长 200 cm×宽 450 cm (缩水前;含三边 5 cm 法式飞边)	100% 精梳棉,80 支纱/400 针	1 条	
6	被芯	长 230 cm×宽 180 cm	真丝棉或羽绒	1 条	
7	枕芯	长 75 cm×宽 45 cm	真丝棉或羽绒	2 个	
8	枕套	长 58 cm×宽 88 cm (含四边 5 cm 法式飞边)	100% 麻梳棉,80 支纱/400 针	2 个	
9	防滑垫	长 120 cm×宽 200 cm	腈纶棉	1 个	
10	床头柜	长 45 cm×宽 45 cm×高 55 cm	—	1 个	
11	防滑圆托盘 (含托盘垫)	外径 35.5 cm,内径 32 cm,误差 0.5 cm	—	1 个	
12	玻璃水杯	杯口直径 8.5 cm	标准直线玻璃杯	1 个	
13	瓶装矿泉水	高 17.5 cm,底部直径5.5 cm	塑料瓶	1 瓶	

续表

序号	名称	规格	质地	数量	备注
14	杯垫	直径 8.5 cm	纸质;与直线玻璃杯口相匹配	1个	
15	杯盖	最大直径 9.5 cm	纸质;与直线玻璃杯口相匹配	1个	
16	地巾	长 80 cm×宽 50 cm	100%纯棉	1条	
17	拖鞋	标准常用	一次性	1双	
18	环保卡及晚安卡	长 12 cm×宽 9 cm	纸质	1张	
19	条巾(长条面巾)	长 35 cm×宽 75 cm (150 g)	100%纯棉	2~4条	(参赛使用时,不得超过4条)
20	小方巾	长 32 cm×宽 32 cm (60 g)	100%纯棉	2~4条	(参赛使用时,不得超过4条)
21	浴巾	长 70 cm×宽 140 cm (600 g)	100%纯棉	2~4条	(参赛使用时,不得超过4条)
22	地巾	长 50 cm×宽 80 cm (400 g)	100%纯棉	1条	

3.裁判用具

序号	用具名称	数量
1	米直尺	2把
2	软卷尺(3 m)	2个
3	小套尺(测量 1 cm、1.5 cm、3 cm)	2套

九、竞赛须知

(一)指导教师须知

1.指导教师经报名、审核后确定,一经确定不得更换,如需更换,按大赛人员变更规定履行程序,如发现弄虚作假者,取消评定优秀指导教师资格。

2.对申诉的仲裁结果,领队和指导教师应带头服从和执行,还应说服选手服从和执行。

3.指导教师应认真研究和掌握本赛项比赛的技术规则和赛场要求,指导选手做好赛前的一切准备工作。

4.领队和指导教师应在赛后做好技术总结和工作总结。

（二）参赛选手须知

1.参赛选手应严格遵守竞赛规则和竞赛纪律，服从裁判员和竞赛工作人员的统一指挥，自觉维护赛场秩序，不得因申诉或对处理意见不服而停止比赛，否则按弃权处理。

2.参赛选手在赛前熟悉设备和竞赛规则/场地时间内，应该严格遵守安全操作规程，杜绝出现事故。

3.参赛选手不得将通信、摄像工具带入比赛现场，否则取消选手比赛资格。

4.参赛选手应严格按竞赛流程进行比赛。

5.参赛选手必须持本人学生证、身份证，并佩戴组委会签发的参赛证件（简称"三证"），按比赛规定的时间，到指定的场地参赛。

6.参赛选手必须按时到赛场等候检录（赛前30 min）、抽签进入赛场，并按照抽到的赛位号参加比赛。迟到15 min者，不得参加比赛。已检录入场的参赛选手未经允许，不得擅自离开。比赛开始30 min后，选手方可离开赛场。

7.参赛选手按规定进入比赛赛位，在现场工作人员的引导下，进行赛前准备，检查相关设备等，并签字确认。

8.裁判长宣布比赛开始，参赛选手方可进行比赛和操作。

9.比赛过程中，选手若需休息、喝水或去洗手间，一律计算在比赛时间内。食品和饮用水由赛场统一提供。

10.参赛选手在比赛过程中不得擅自离开赛场，如有特殊情况，须经裁判员同意后，特殊处理。

11.参赛选手在比赛过程中如遇问题，须举手向裁判人员提问。选手之间不得发生任何交流，否则按作弊处理。

（三）工作人员须知

1.工作人员必须服从赛项组委会统一指挥，佩戴工作人员标识，认真履行职责，做好竞赛服务工作。

2.工作人员按照分工准时上岗，不得擅自离岗，应认真履行各自的工作职责，保证竞赛工作的顺利进行。

3.工作人员应在规定的区域内工作，未经许可，不得擅自进入竞赛场地。如需进场，须经过裁判长同意，核准证件，由裁判陪同入场。

4.如遇突发事件，须及时向裁判员报告，同时做好疏导工作，避免重大事故发生。

5.竞赛期间，工作人员不得做涉及个人工作职责之外的事宜，不得利用工作之便，弄虚作假、徇私舞弊。如有上述现象或因工作不负责任造成竞赛无法继续进行的，由赛项组委会视情节轻重，给予通报批评或令其停止工作，并通知其所在单位做出相应处理。

附录4　星级酒店服务质量评定检查表
（邮轮各部门员工可作为参照标准）

一、计分说明

1.1 各星级饭店规定得分率：一星级 90%、二星级 90%、三星级 92%、四星级 95%、五星级 95%。

1.2 评分规定：服务质量的评定除综合得分率达到规定外，服务人员的仪容仪表、前厅服务质量、客房服务质量、餐厅（酒吧）服务质量、其他服务等五个部分也应达到相应得分率，如其中任何一个部分达不到申请星级的规定得分率，就不能获得所申请的星级。

1.3 评分时，按照项目标准，完全达到者为优，略有不足者为良，明显不足者为中，严重不足者为差。

二、评分标准

服务质量评分标准见下表。

项　目	项目标准	检查分数	实际得分			
			优	良	中	差
一、服务人员的仪容仪表						
1.服装						
服装完好整洁程度	完整，清洁	10	10	9	8	5
服装与饭店格调协调程度	与饭店档次、特色、服务工种协商	8	8	7.2	6.4	4
不同岗位着装区别	按部门、工种、级别区分	5	5	4.5	4	2.5
着装统一程度	外套、内衣、裤（裙）、袜、鞋、领带（领花）、工号牌统一	10	10	9	8	5
着装效果	以上4项平均得分95%以上为优、85%以上为良、70%（含）以上为中、70%以下为差	10	10	9	8	5
2. 服务人员礼貌程度	端庄大方、礼貌周到、规范标准、主动热情	40	40	36	32	20
3.服务人员纪律性	无扎堆聊天、擅离岗位等现象	20	20	18	16	10
4.服务人员的外语水平（是否符合必备条件）	按本标准规定能流利使用外语，说得清，听得懂	15	15	13.5	12	7.5

（续表）

项　目	项目标准	检查分数	实际得分			
			优	良	中	差
5.总印象	以上4项平均得分95%以上为优、85%以上为良、70%（含）以上为中、70%以下为差	10	10	9	8	5
二、前厅服务质量(态度、效率)						
1.门卫服务	态度好、礼节好、周到、勤快主动	5	5	4.5	4	2.5
2.行李服务	态度好、效率高、安全	20	20	18	16	10
3.接待服务	态度好、效率高、周到	20	20	18	16	10
4.预定服务	态度好、效率高、准确无差错、有保证	10	10	9	8	5
5.问讯服务	态度好、效率高、准确无差错	10	10	9	8	5
6.结账服务	态度好、效率高、准确无差错	15	15	13.5	12	7.5
7.外币兑换服务	态度好、效率高、准确无差错	5	5	4.5	4	2.5
8.票务服务	态度好、效率高、准确无差错	5	5	4.5	4	2.5
9.观光服务	态度好、效率高、准确无差错	5	5	4.5	4	2.5
10.委托代办服务	态度好、周到、方便、业务水平高	5	5	4.5	4	2.5
11.电话总机服务	接话快、态度好、业务熟、准确无差错	15	15	13.5	12	7.5
12.留言服务	态度好、准确无差错、效率高	5	5	4.5	4	2.5
13.大堂副理	态度好、效率高、协调应变能力强	5	5	4.5	4	2.5
14.出租车服务	态度好、效率高、安全	5	5	4.5	4	2.5
15.贵重物品保存服务	态度好、准确无差错、安全措施好	6	6	5.4	4.8	3
16.前厅温度	23~25 ℃	10	10	9	8	5
17.背景音乐质量	音质好、音量柔和适度	10	10	9	8	5
18.为残疾人提供的服务	态度好、效率高、周到	4	4	3.6	3.2	2
19.其他服务（每项4分）		4	4	3.6	3.2	2
20.前厅服务效果	以上20项平均得分95%以上为优、85%以上为良、70%（含）以上为中、70%以下为差	20	20	18	16	10
三、客房服务质量(态度、效率、周到)						
1.客房服务中心	态度好、效率高、服务周到	30	30	27	24	15
2.整理客房服务	整洁、效率高、用品齐全	15	15	13.5	12	7.5
3.电话服务	接话快、态度好、业务熟、准确无差错	20	20	18	16	10
4.洗衣服务	态度好、手续清楚、质量好	10	10	9	8	5
5.客房送餐服务	准确、效率高、安全	20	20	18	16	10

（续表）

项　目	项目标准	检查分数	实际得分			
			优	良	中	差
6.会客服务	态度好、效率高、安全	10	10	9	8	5
7.闭路电视节目质量	图像清晰、音质好	5	5	4.5	4	2.5
8.音响质量、效果	音质好、调节有效	5	5	4.5	4	2.5
9.叫醒服务	态度好、准确无差错	2	2	1.8	1.6	1
10.开夜床服务	有此项服务即得1分	2	1	1.8	1.6	1
11.擦鞋服务	有此项服务即得5分	5	5	4.5	4	2.5
12.饮用水和冰块供应	有保证、及时、卫生	10	10	9	8	5
13.为残疾人提供的服务	态度好、效率高、周到	2	2	1.8	1.6	1
14.其他服务（每项4分）			4	3.6	3.2	2
15.客房服务效果	以上14项平均得分95%以上为优、85%以上为良、70%（含）以上为中、70%以下为差	10	10	9	8	5
四、餐厅(酒吧)服务质量(态度、效率、周到、规格)						
1.餐厅经理（语言能力、推荐食品能力、组织协调效果、管理监督效果）	语言能力好、推荐食品能力强、管理监督效果好	30	30	27	24	15
2.餐厅领班（语言能力、组织协调能力）	能运用外语、熟悉业务、组织协调效果好	20	20	18	16	10
3.餐厅服务员（服务态度、纪律性、语言能力、服务能力）	态度好、纪律性强、能运用外语、服务效果好	30	30	27	24	15
4.餐厅温度	22~24 ℃	5	5	4.5	4	2.5
5.餐厅背景音乐效果	音质好、音量适度	5	5	4.5	4	2.5
6.餐食和饮料质量	根据宾客反映情况打分、出现问题酌情扣分	40	40	36	32	20
7.菜式美观程度	色、形、器俱佳	20	20	18	16	10
8.食品卫生	符合卫生法和地方规定的打满分，凡食品变质、变味、有异味的酌情扣分	40	40	36	32	20
9.零点服务效果	态度好、效率高、服务周到、规范化	40	40	36	32	20
10.团队服务效果	态度好、效率高、服务周到、规范化	20	20	18	16	10

（续表）

项　目	项目标准	检查分数	实际得分			
			优	良	中	差
11.宴会服务效果	态度好、效率高、服务周到、规范化	10	10	9	8	5
12.自助餐服务效果	态度好、效率高、服务周到、规范化	10	10	9	8	5
13.酒吧服务效果	态度好、效率高、服务周到、规范化	20	20	18	16	10
14.总印象	摆台水平、服务规范化、服务技巧好、服务效率高	20	20	18	16	10
五、其他服务（态度、效率、周到、安全）						
（一）康乐服务						
1.健身房	态度好、服务周到、有教练、安全	5	5	4.5	4	2.5
2.游泳池	态度好、服务周到、有安全措施及救生员	10	10	9	8	5
3.按摩	态度好、服务周到、安全	20	20	18	16	10
4.桑拿浴	态度好、服务周到、安全	10	10	9	8	5
5.蒸汽浴	态度好、服务周到、安全	10	10	9	8	5
6.保龄球	态度好、服务周到、安全	20	20	18	16	10
7.桌球	态度好、服务周到	5	5	4.5	4	2.5
8.网球场	态度好、服务周到、有教练	5	5	4.5	4	2.5
9.高尔夫练习场	态度好、服务周到、有教练	5	5	4.5	4	2.5
10.棋牌室	态度好、服务周到	10	10	9	8	5
11.日光浴	态度好、服务周到	10	10	9	8	5
12.游戏室	态度好、服务周到	10	10	9	8	5
13.其他娱乐项目服务（每项10分）	态度好、服务周到	10	10	9	8	5
（二）理发美容	态度好、服务周到、质量好、安全	30	30	27	24	15
（三）商务服务	态度好、效率高、方便、周到、准确无差错	40	40	36	32	20
（四）邮政电信服务	态度好、效率高、方便、周到、准确无差错	20	20	18	16	10
（五）婴儿看护室及儿童娱乐室服务	态度好、服务周到	10	10	9	8	5
（六）商品服务						
1.服务员						
语言水平	能流利运用外语，并且说得清楚、听得懂	10	10	9	8	5
纪律性	无扎堆聊天、擅离岗位等现象	15	15	13.5	12	7.5
态度	礼节礼貌好、耐心、服务周到	30	30	27	24	15
效率	快捷、准确、无差错	10	10	9	8	5
服务技巧	推销展示技巧性强、商品包装好、结账无差错	5	5	4.5	4	2.5

（续表）

项 目	项目标准	检查分数	实际得分			
			优	良	中	差
服务效果	以上 5 项平均得分 95% 以上为优、85% 以上为良、70%（含）以上为中、70% 以下为差	10	10	9	8	5
2.旅游必须用品齐全程度	旅游生活必备品齐全	10	10	9	8	5
3.工艺品和旅游纪念品齐全程度	工艺品、旅游纪念品齐全、突出当地特色	10	10	9	8	5
4.商品摆放水平	商品展示性强，突出重点，美观丰富，价签美观	15	15	13.5	12	7.5
5.商品服务效果	以上 4 项平均得分 95% 以上为优、85% 以上为良、70%（含）以上为中、70% 以下为差	10	10	9	8	5
（七）书店	态度好、效率高、准确	10	10	9	8	5
（八）鲜花店	态度好、效率高、品种丰富	10	10	9	8	5
（九）歌舞厅服务	态度好、效率高、安全	20	20	18	16	10
（十）会议服务	态度好、效率高、规范化	30	30	27	24	15
（十一）其他服务（每项 10 分）			10	9	8	5
六、饭店安全						
饭店安全印象	设安全部，有安全措施，保安人员经过专业培训，近两年没有发生安全事故	40	40	36	32	20
七、饭店声誉						
1.在国内有关评比活动中	获得好评，一次 2 分，最多 10 分					
2.在国际有关评比活动中	获得名次，一次 5 分，最多 15 分					
3.国家领导人和外国元首	多次下榻，3 次以上得 5 分					
八、饭店综合服务效果						
综合服务效果	平均得分 95% 以上为优、85% 以上为良、70%（含）以上为中、70% 以下为差	50	50	45	40	25
总计						

参考文献、参考网站、学习平台
References，Reference Websites，and Learning Platforms

参考文献：

［1］刘艳.邮轮运营管理［M］.2版.北京：化学工业出版社,2023.

［2］周俊驰.跳上邮轮看世界［M］.北京：中国纺织出版社,2016.

［3］"上海国际邮轮旅游人才培训基地"教材编委会.国际邮轮旅游销售实务［M］.北京：中国旅游出版社,2014.

［4］倪望清,胡志国.国际邮轮服务与管理［M］.天津：天津大学出版社,2014.

［5］古镇煌.邮轮客的天书［M］.北京：中国人民大学出版社,2010.

参考网站：

1. www. hao.360.cn

2. www.baidu.com

3. www.sohu.com4

学习平台：

1. https：//user.icve.com.cn/cms/index.do（职教云平台）

2. https：//v8.chaoxing.com/（超星学习通平台）

3. https：//www.icourse163.org/〔中国大学 MOOC（慕课）平台〕